Tea Time
18

Tea Time 18

Cover
タイトル・写真 ………… 佐々木信
スタイリング ………… 佐々木智子

自然と人々の想いが織りなすタペストリー

紅茶の国インド

INDIA
THE LAND OF TEA

ダージリン、アッサム、ニルギリ――
インドには、世界的に名高い紅茶の産地がいくつもあります。
それぞれの地で育まれる紅茶は
自然の恵み、大地の力、そして作り手の情熱によって
唯一無二の風味と香りを生み出します。
カップの中に広がる
芳醇な香りと深い味わいが紡ぎ出す物語。
おいしい紅茶に宿るストーリーに
耳を傾けてみませんか？

INDIA
THE LAND OF TEA

世界最大級の紅茶生産国、インド。代表的な産地は北東部のダージリン、アッサムや、南部のニルギリなどがあります。同じインドの紅茶でも、地域や高低差によってその特徴はバラエティ豊かです。

クオリティーシーズン（旬）

ダージリン	ファーストフラッシュ	3月～4月
	セカンドフラッシュ	5月～6月
	オータムナル	10月～11月
アッサム	セカンドフラッシュ	5月～6月
ニルギリ		1月～2月（西側斜面）
		8月～9月（東側斜面）
シッキム	ファーストフラッシュ	3月～4月
	セカンドフラッシュ	5月～6月
	オータムナル	10月～11月
ドアーズ	オータムナル	10月～11月

DARJEELING
ダージリン

気候・風土
ヒマラヤ山麓にある標高500～2000mの高地のため昼夜の寒暖差が激しく、濃い霧が発生する。年間を通して冷涼。
紅茶の特徴
ファーストフラッシュ：　青みのあるやわらかい味わい。
セカンドフラッシュ：　芳醇な香りの力強い味わい。
オータムナル：　穏やかでやさしい味わい。

ASSAM
アッサム

気候・風土
標高50～500mの低地にある大平原で、年間降雨量2000㎜以上の多雨地域。年間を通して高温多湿。
紅茶の特徴
生産される茶葉はほとんどがCTCタイプで、コクがあって力強い味わい。

NILGIRI
ニルギリ

気候・風土
標高1200～1800mの高原に位置し、最高気温20～25℃と年間を通して快適な気候。スリランカに近く、同様のモンスーンの影響を受ける。
紅茶の特徴
さわやかな香りとクセがなく飲みやすい味わい。渋みはやわらか。

SIKKIM
シッキム

気候・風土
標高280m、ヒマラヤ山脈の麓に位置し、ダージリンと同様の冷涼な気候で、6月～8月はモンスーンの影響を受ける。
紅茶の特徴
発酵がやわらかいものが多く、繊細でフラワリーな香りと味わい。

DOOARS
ドアーズ

気候・風土
標高90～300mの丘陵地で、年間降雨量が3500㎜以上の多雨地帯。5月～9月に長いモンスーンがある。
紅茶の特徴
アッサムに似た深いコクと、ダージリンを思わせる香りを持つ。渋みはマイルド。

1988年より世界各地のシングルエステート（単一農園）、特にダージリンを豊富にとり扱っているリーフルダージリンハウスの代表・山田栄さんにダージリンの特徴について伺いました。

DARJEELING

ダージリン Q＆A

世界三大銘茶の一つであるダージリン。「紅茶のシャンパーニュ」と称されます。季節や農園ごとに異なる特徴を持ち、フラワリーやフルーティーな香り、熟した果実のような風味、さらにはナッツのようなコクのある味わいなど、実に多彩なおいしさが楽しめます。

Q1 ダージリンってどんなところ？

A1 インド北東部の西ベンガル州に位置し、ブータン、ネパール、バングラデシュに囲まれたヒマラヤ山脈の高地にある都市です。19世紀にイギリス人によって避暑地として開拓された場所で標高は６００～２０００ｍといわれていますが、一番標高が高い農園は２３００ｍに位置しています。一日の中でも寒暖差が激しく、濃い霧がダージリン特有の芳醇な香りを育てます。

日本からは飛行機でデリーまたはコルカタまで行き、国内線でダージリンに一番近いバグドグラ空港まで行きます。そこから車で農園に向かうのですが、近いところで1時間半くらい、遠い農園だと4時間以上かかります。辿り着くのも大変な場所もあって、車の中でまるでダンスを踊っているようになってしまう通称「マイケル・ジャクソン・ロード」という悪路もあります。

リーフルダージリンハウス

PURE FRESH TEA
LEAFULL DARJEELING HOUSE

季節ごと、農園ごとの摘みたてダージリンにこだわり続ける紅茶専門店。本店は銀座にあり、テイスティングを重ね選び抜いた紅茶を原産地より直輸入にて販売している。伊勢丹新宿店では、伊勢丹限定ブランド「NAVARASA(ナヴァラサ)」シリーズも販売。

そうして農園に辿り着き、ヒマラヤからの風を感じながら農園を見渡すと、何度行っても新鮮な気持ちになります。

Q2 農園とはどんなところ?

A2 約170年前に最初の農園ができて、今は87くらいの農園があります。農園といっても山がいくつもあり、働く人々の住宅やお店、学校や病院もあり、医療補助や優秀な子どもたちへの奨学金制度もあります。農園は大手のグループ会社の傘下や、血族だけで代々経営するところ、インドの財閥が経営するところや外国資本の会社が経営する農園があります。小さい農園でも広大です。

茶畑は山の斜面にあるので、一つの農園の中でも標高差があります。斜面も西向きや東向き、地形の凹凸もあり、日差しや霧のかかり具合がそれぞれ違い、茶葉の育ち具合やキャラクターが異なってきます。摘み取った時間によっても香味が違ってきます。このように、非常に味わいがバラエティに富んでいるのがダージリンの特徴です。

農園は、全体を統括するマネージャー、アシスタントマネージャー、畑を管理するフィールドマネージャー、工場を管理するファクトリーマネージャー、茶摘みをするプラッキングレディなど大勢の人で構成されています。また、スープリテンダーと呼ばれる特別な決裁権を持つマネージャーがいるところもあります。

Q3 お茶はどのように摘まれていますか?

A3 樹高1mの一本の茶樹から採れる茶葉の量は、FTGFOP1というリーフタイプから細かいダストまで合わせても年間で100g程度です。アッサムのような大葉種では量は採れますが、小葉種のダージリンでは一芯二葉が基本ですので、本当に少

急な斜面にカラフルな家々が建ち並ぶ。軒下すれすれを列車が走り抜けていく。

ない量しか収穫できません。何年かに一度茶樹を剪定して木を休めるので、その間は収穫ができず、茶畑全体で常に摘み取れるわけでもなく、貴重なお茶ということになります。

　茶葉は麓の方から芽吹いていくので、標高が低い600~700mの気温の高いエリアの農園では2月から摘み取りが始まるところもあり、標高が高い農園は摘み取りは遅くなります。一般的には標高が高くなるとクオリティーが上がりますが、標高が低くてもその標高ならではの工夫をして非常に個性的な、香り高いキャラクターのお茶も楽しめます。

　摘み取りシーズンの前に雨に恵まれますが、ダージリンは水捌《みずは》けが良い土地なので、水が土壌の下に吸い込まれていきます。茶樹は水分を吸収しようと根を伸ばします。雨が少なかったら根を伸ばしても届かないので、水分が吸収されづらく、茶樹の芽吹きが遅くなりますが、茶葉の産毛が霧の水分を摂取し、おいしさが凝縮されより力強い香味の茶葉となります。そのようにちょっとした条件で芽吹きのタイミングやおいしさが変わります。

　摘み取りのスタートは毎年「今年のファーストフラッシュは3月○日から」と、ティーボードで決められます。近年は秋が終わった後の雨が少ないため、ファーストフラッシュの摘み取り時期が遅くなっています。天候不順の影響もあって春になっても温度が上がらず茶葉が育っていない状態から、ようやく気温が上がると一斉に芽吹いてしまい、摘み取りのタイミングが合わず、クオリティーを安定させることが難しくなってしまいます。

　気候の影響で想定より早く摘み取りのタイミングが来た時は、農園のマネージャーが「日にちを早めて」と申し出ることもあります。一日違っただけでもキャラクター、品質、生産量が変わりますし、また、大量の雨が降ると品質が下がることもあります。一方で、違う区域では雨が降ったことによって成長が促され、その生育状況を見て摘み取る、という

農園には、家や学校、病院、商店がそろい、一つの村のような暮らしが営まれている。

判断をします。また、陽が当たらない悪い条件でも生育する茶樹もあります。

Q4 ダージリンのお茶の木にはどんな種類がありますか？

A4 種子から植えた木や接ぎ木、クローナル（A5参照）という挿し木で繁殖させる木があります。種子からだと植樹してから6～7年、クローナルだと4～5年で収穫できます。70～80年がおいしい樹齢だという農園もあれば、30～40年の若い木はこれからおいしくなるというマネージャーもいます。摘み取りを繰り返すと木が疲れてしまうので剪定して木を休ませます。100～150年経っている木も剪定を繰り返し、今でも収穫されています。茶樹が弱っているサインとして、木が子孫を残そうとして花を咲かせるんですね。花が咲いたらその木からは摘み取らないようにします。

Q5 クローナルって何ですか？

A5 健康な茶樹から採取した小枝を、挿し木で増やした茶樹（クローン）のことです。親木から同じ性質を受け継ぐもので、チャイナ種のクローナル、アッサム種のクローナル、チャイナ種とアッサム種を交配したハイブリッドのクローナルがあります。チャイナ種の香りの良さと、アッサム種の葉の大きさを掛け合わせるなど、生産性の高い茶樹への品種改良が行われています。

優れた茶樹の開発に長けている農園がいくつかあり、そこで開発された品種はアッサム州ジョルハートにあるトクライ茶業研究所に持ち込まれ、そこからクローナルがダージリン全体に広がり、それぞれの農園の特徴を持った茶樹となります。近年人気の品種は、アヴォングローブ農園で開発されたAV－2、バノックバーン農園のB－157、フーシリン農園のP－312などがあります。最近で

左から、マーガレッツホープ農園のファーストフラッシュ、タールザム農園のファーストフラッシュ、タルボ農園のセカンドフラッシュ、キャッスルトン農園のセカンドフラッシュ、リザヒル農園のオータムナル。

はシーヨク農園で開発されたSYという品種はとても感動的な味わいでした。

Q6 ファーストフラッシュ、セカンドフラッシュ、オータムナルの違いとは？

A6 ファーストフラッシュとは3月〜4月に摘み取られる茶葉です。若々しい青い葉で、日差しの影響もまだ少ないので、茶葉自体が柔らかいです。特にクオリティーの高い茶葉は、ほかの季節と比べると淡い緑色をしています。茶葉そのものの味わいが引き出されフラワリーで繊細な香味を感じます。

セカンドフラッシュは5月〜6月に摘み取られます。茶葉は日差しをたっぷりと浴びて表面が硬くしっかりとしたものになります。茶葉の香味が凝縮され、果実味のあるボディの厚い充実した味わいになります。

オータムナルは10月〜11月の厳寒が訪れる前に摘み取られたごくわずかな良質な茶葉です。渋みは穏やかになり、甘みを増したやさしい味わいは、時として、コールドウェザーフレーバーといわれるバランスの良い心地よい香味が発生します。

Q7 マスカテルフレーバーって？

A7 種子から育ったピュアチャイナ種のセカンドフラッシュにおける、良質な茶葉のみから発生する香りといわれています。元々はムスク（麝香《じゃこう》）から発生した言葉だと聞きました。奥深い果実味、熟したような濃密な香りで、骨格がはっきりした存在感があるのも特徴です。マスカットに似たフルーティーな香味も発生するので、マスカットフレーバーという言葉もあります。

Q8 「ヤマダバリ」など茶葉の名前について教えてください。

タールザム農園の「ヤマダバリ」栽培区画。今は満月の夜に摘み取るということは不可能に近く、ロマンチックな逸話となりつつあります。

A8

「ヤマダバリ」は、2002年にサングマ農園マネージャーのジャー氏が付けてくださった名前です。ある日、ジャーさんに案内された茶畑の地面には花が敷き詰められ、その先に新しい区画が用意されていました。「あなたのための区画だよ」と言ってくださり一緒に植樹させていただきました。そして、「お茶にエネルギーが満ちていくといわれる満月の夜に一芯二葉を摘んで大切にお茶を作ろう」と。それがAV-2で作った「ヤマダバリ」です。自分の名前のお茶を作っていただけることに感激しました。

その後、特定の場所で特定の時間に摘み取られたお茶に名前が付けられるようになりました。キャッスルトン農園の「ムーンライトダイアナ」、マーガレッツホープ農園の「ホワイトシャイニーディライト」、タルボ農園の「シャイニー」などがあります。ただ、あまりにも多様になってしまい、混乱を防ぐためにティーボードが使用可能な名前を「ヤマダバリ」、「ムーンライト」、「ムーンシャイン」など数種類に限定しています。

Q9

現地での飲み方やテイスティングについて教えてください。

A9

マネージャーの奥様方は、ダージリンにほんの少し塩を入れてスープのように飲んでいました。ミネラル感が出て味が引き締まる感じがします。

テイスティングはワインのテイスティングによく似ています。まず普通に飲んでいただいて、その後、香りを鼻腔や喉の奥に広げるように紅茶をズーッと空気と一緒に吸い込みます。ミストが広がるような感覚です。その時に飲み込まずに口の中に含み、口内の粘膜や舌の先端で味をしっかりと感じるようにしてみてください。テイスティングの温度は人肌くらい。紅茶の温度が冷めた時にそのお茶本来のおいしさがよく伝わってきます。

インド紅茶のほかの産地の
特徴もみてみましょう！

ASSAM
アッサム

インド最大の紅茶生産地であり、生産量はインド紅茶の約半分といわれています。力強いコクと甘みはミルクティーに最適。90％以上がCTCタイプですが、オーソドックス製法の高級茶も作られています。

アッサムはインド北東部にある世界最大の紅茶産地です。約7万8000㎢という面積は、北海道本島とほぼ同じ大きさ。ガンジス川の源流となるブラマプトラ川の両岸に茶畑がどこまでも広がる様子はグリーンカーペットとも呼ばれています。高温多湿の雨季があり、年間降雨量は2000～8000㎜という世界でもまれな多雨地域です。標高は50～500mの低地で日差しは強く、「シェイドツリー」といわれる日陰を作る樹木が茶畑のところどころに植えられています。ブラマプトラ川がもたらす肥沃な土壌、強い日差し、たくさんの雨は力強いアッサム茶を育むのに好条件となり、年間約35万tの紅茶を生産しています。

1823年にアッサムの奥地でロバート・ブルースが発見した自生の茶樹は、後に「アッサム種（カメリア・シネンシス・アッサミカ）」という、インド原産の茶樹だと認められます。それまでにあった中国種とは茶樹の

CTCって？

丸くて小さいコロコロとした形状の茶葉。アッサムで生産される紅茶の90%以上がCTC製法です。CTCとはCrush（押しつぶす）、Tear（引き裂く）、Curl（丸める）の意味で、リーフタイプの茶葉のオーソドックス製法とは異なります。

CTC製法は、1930年代にW・マッカーチャーが考案した特殊な機械を用いた紅茶の製造方法です。従来のオーソドックス製法では、茶葉を萎凋（いちょう）させた後、揉捻（じゅうねん）、ふるい分け、発酵と、それぞれの工程で異なる機械が用いられます。これに対し、CTC製法では、萎凋後にローターバーン機で茶葉を切断し、その後CTC機にかけます。CTC機では、ローラーによって茶葉が巻き込まれ、押しつぶす・引き裂く・丸めるという工程が一度に行われ、粒状に成形されます。この一台の機械で複数の工程を同時に処理できる点が、CTC製法の最大の特長で、これにより、大量生産が可能となりました。

見た目も、茶としての味わいも全く異なるものでした。デリケートな味わいの中国種に比べ、モルティーと表現される麦芽のような風味、強いコク、濃い赤褐色の水色はミルクとの相性がよく、インド国内で消費されるチャイにも使用されています。

アッサムの摘み取りシーズンは3月～11月ですが、その中でも5月～6月のセカンドフラッシュが最も高品質とされ、濃厚なコクと甘み、フルボディの力強さはまさにアッサムならではの味わいです。

芳醇で力強い麦芽のような味わいは「モルティーフレーバー」とよばれ、ストレートはもちろんミルクティーにもぴったり。

NILGIRI
ニルギリ

青い山が広がる南インド最大の紅茶産地。セイロンティーに似た味わいはさわやかで飲みやすく、アレンジティーにもおすすめです。クローナルと呼ばれる品種の中には香り高いものも。

現地の言葉で「青い山」を意味するニルギリ。南インドのタミルナド州に位置し、ケララ州に連なる西ガッツ山脈の南端、標高１２００ｍ以上のニルギリ高原で生産される紅茶です。茶の栽培が始まった初期に中国種の栽培が失敗に終わり、その後アッサム種の栽培に成功。のちに中国種も育てられるようになりました。

　スリランカに近く、紅茶の味わいもセイロンティーに似ています。スリランカのウバやディンブラと同様にモンスーンの影響を受けるため、クオリティーシーズンは西側斜面で1月〜2月、東側斜面で8月〜9月。紅茶の特徴は、明るいオレンジの水色、さわやかでバランスのよい味わいです。渋みもマイルドで飲みやすく、ほのかに柑橘系の香りを感じるものもあり、クセのない味わいはアレンジティーにもぴったり。透明感のあるアイスティー作りにもおすすめです。

SIKKIM

シッキム

インド北東のヒマラヤ山脈の南麓に位置し、ネパール、チベット自治区、ブータン、ダージリンに囲まれた地域です。１９７５年にインドに併合されるまではシッキム王国というチベット仏教国でした。茶園はインドで唯一政府が運営するテミ茶園と、２００２年に設立されたベルミオック茶園だけ。年間生産量１００ｔほどと希少価値が高い紅茶です。２００５年よりオーガニック農法に切り替え州全体が１００％有機農業を実現させました。ダージリンに似て発酵はやや弱く、繊細でフラワリーな味わいです。

DOOARS

ドアーズ

インド北東部、ダージリンの麓のブラマプトラ川の東側流域に広がる丘陵地帯に１５０以上の茶園があり、年間約15万ｔの紅茶を生産しています。ダージリンとアッサムの中間に位置する近年注目のエリア。年間の平均降雨量が３５００㎜と多く、５月～９月のモンスーンと朝晩の冷たい霧が特徴です。ほとんどがＣＴＣタイプで、味わいはアッサムよりややマイルドな印象。オーソドックスタイプはダージリンのような繊細でフラワリーな香味を持つものもあり、まさにダージリンとアッサムのいいとこどりです。

1600 イギリス東インド会社設立

1602 オランダ東インド会社設立

1659 イギリスで初めて武夷茶（ボヘアティー）が販売される

1679 イギリスで初の

インド紅茶の歴史

古代インダス文明が栄えた南アジア最大の国、インド。紅茶の生産量は世界最大級であり、消費量も多いことで知られています。インドにおける紅茶栽培の歴史は、かつて植民地として支配されていたイギリスとともに始まりました。

イギリスとインドの深い関係

18世紀のイギリスでは喫茶文化が宮廷から上流階級に広がり、国内での茶の需要は急速に高まっていました。19世紀に入ると、産業革命による労働環境の悪化が原因で、アルコールを過剰に摂取する国民が増加。そこで政府は禁酒運動の一環として、酒の代替として紅茶の消費を奨励し紅茶はイギリスのあらゆる階層に普及していきました。

一方で、イギリスは茶を輸入していた中国に支払う外貨（銀）が不足し、財政が逼迫。これに対応するため、植民地だったインドでアヘンを生産し、中国に売りつけて代価として支払うという貿易戦略を実施したのです。この政策はやがてアヘン戦争へと発展し、イギリスと中国との関係は悪化の一途をたどりました。

1689 イギリスが中国から茶を輸入開始

1721 イギリス東インド会社が中国からの茶の輸入を独占

1757 イギリスがインドの植民地化を開始

イギリスで産業革命が始まる

1773 ボストン茶会事件

1787 カルカッタ植物園が設立

国内の需要に対し、中国以外から茶を手に入れたいと考えたイギリスは、インドでの茶栽培に向けて動き出します。

1823 ロバート・ブルースが茶の木を発見

インドのアッサムを訪れたスコットランド人のロバート・ブルースは、「先住民のシンポー族が中国の茶の木に似た植物を栽培している」という情報を現地の貴族から得ます。ロバートはシンポー族の首長に会い、そこで驚くほど茶の木に似た植物を発見しました。彼はこの発見を弟のチャールズ・ブルースに伝えましたが、翌年に病で亡くなり、その植物の研究は弟チャールズに託されました。

チャールズ・ブルースはシンポー族の首長から種子と苗を譲り受け、自ら栽培を試みます。その後、カルカッタ植物園（現コルカタ植物園）で鑑定を行いましたが、当時の植物園には中国種の茶樹しかなかったため、インド自生の茶樹だとははっきりと認められませんでした。

1836 アッサムでチャールズ・ブルースが茶栽培を成功させる

1841 イギリスでアンナ・マリア夫人がアフタヌーンティーの習慣を広める

1841 キャンベル博士がダージリンの自宅で中国種の栽培に成功

1848 ロバート・フォーチュンが中国に送り込まれる

1867 ジェームス・テイラーがスリランカで茶園を開拓

1876 日本国内の紅茶生産のため政府が多田元吉をインドに派遣

1881 インド紅茶協会設立

1903 インド紅茶委員会設立

1904 アメリカの茶商人トーマス・サリバンがティーバッグを商品化／アメリカの万国博覧会でアイスティーが誕生

1834 コルカタに茶業委員会を設立（4月）

イギリス東インド会社の茶貿易独占権が廃止されると、イギリス政府は中国以外へ茶の供給地を求めるようになりました。そこで、当時のインド総督ウィリアム・ベンティンクの指示のもと、1834年にコルカタ（当時のカルカッタ）に「茶業委員会」が設立され、インドでの茶栽培と製茶の実験が始まりました。チャールズ・ブルースはインド政府からアッサム茶栽培の総監督に任命されました。

カルカッタ植物園でアッサム種がインド自生の茶樹と認められる（12月）

ブルース兄弟が発見・栽培した植物が正式に茶樹（アッサム種）であると認定されました。

カルカッタ植物園は1787年にイギリス東インド会社によって設立され、商業価値の高い植物の探索や育成が行われていました。

1836 チャールズ・ブルースがアッサム種の紅茶を製茶

試行錯誤の末、チャールズの監督のもとで生産された紅茶がついにイギリスへ送られます。その産出量は1838年までに5274ポンド（約2400kg）に達し、翌1839年にはロンドンのオークションにかけられ、高値で取引されました。

1906 日本に初めて紅茶を輸入

1947 インドがイギリスから独立

1971 日本で紅茶輸入が自由化

1975 シッキムで王国がインドに併合

1998 ロンドンティーオークションセンターが閉鎖

1850-60 インド国内に茶の栽培が広がる

アッサムから始まった茶の栽培は1850年代にダージリン、ニルギリ、1860年代にテライ、1870年代にドアーズへ拡大していきます。ダージリンには「紅茶スパイ」と呼ばれたスコットランド人のプラント・ハンター、ロバート・フォーチュンが中国から持ち出した中国種の茶樹が植樹されました。

1901 インド紅茶協会によって紅茶の販促活動が開始される

イギリス支配下の政策として、国内で紅茶の販売促進を開始。インド紅茶協会が食料品店に紅茶を仕入れさせ販売、労働者が集まる場所に紅茶の屋台を設置するなどして、インド国民の間で徐々に紅茶を飲むことが習慣化されるようになりました。

チャイ文化の誕生

インド紅茶協会がイギリス式の「正しい紅茶のいれ方」を指導していたにもかかわらず、庶民の間ではミルクと砂糖がたっぷり入ったチャイが飲まれるようになりました。インドではラッシーやホットミルクなどの乳飲料が発達しており、そこに紅茶が加わったチャイは好評を博しました。その後、スパイス入りのマサラチャイにも発展し、生活に欠かせない国民的飲料として根付いていきました。

インド屈指の紅茶ブランド PREMIER'S® って？

希少ゆえにインド国内では入手できない「プリミアスティー」。
日本の代理店の代表を務める滔々《とうとう》さんに魅力を伺いました。

――プリミアスティーの誕生は？

ブランド誕生は1988年です。会長は元々機械製造に携わるエンジニアで、日本出張中にインド紅茶の知名度が低いと知り、「もっと広めなければ」と日本市場でブランド価値を高めることを目標にし、1998年に日本での展開をスタートしました。日本の輸入紅茶の多くがスリランカ産だったことも衝撃だったようです。

――日本との関係が深いブランドなんですね。インド国内ではどのように親しまれているのですか？

インド政府が要人を迎える際や、政府関係者が海外訪問する際の手土産としてもプリミアスティーが使われているのですが、ブランド名は公表されません。「国賓のおもてなし紅茶」として一部の方に知られています。日本の技術を活かして品質向上にも力を入れています。現在の生産ラインには日本製の機械を導入し、会長独自のノウハウを加えてカスタマイズして、高品質な紅茶の生産を行っているんですよ！

——どのようにして紅茶の品質を高めているのですか？

紅茶の渋みや苦みの原因となるダスト（細かい茶葉の粉）を取り除く独自の製茶工程を採用しています。一般的なメーカーでは製茶の最後の工程でダストを除去しますが、プリミアスティーでは独自に開発した手法で最初にダストを取り除くことにより、クリーンな味わいを実現しています。他にはないこの技術が、品質の違いを生み出しているのです。これにより、紅茶が冷めても渋みが出にくくなり、「冷めてもおいしい」と高く評価されています。

また、品質と安全管理の厳格な基準をクリアするため、ISO22000、FSSC22000、HACCPなどの国際認証を取得。高級オーガニック茶の認定ブレンダーおよび包装業者としての認定も受けています。これらの取り組みにより、一年を通じて安定した品質の紅茶を提供することが可能となっています。

——これほどのこだわりがある紅茶が、日本であまり知られていないのはもったいないですね。

本当にそうですね。今後はさらに多くの方に知っていただけるように、販路を広げていきたいです。

プリミアスティーは、伝統的な製法と最先端の技術を融合させた高品質な紅茶です。日本市場を大切にしながら、より多くの人に魅力を届けていきたいと思っています。

品質管理と安全管理を徹底した、清潔感のあるプリミアスティーの工場。

古川 友香子
ふるかわ・ゆかこ

awhile chai & soda 店主。インテリア業界と飲食業の経験を経て、2023年12月、東京・世田谷区（駒澤大学正門前）にチャイとソーダの専門店をオープン。和紅茶を活かしたユニークなチャイなど、バリエーション豊かなメニューを手がける。

awhile chai & sodaの古川友香子さんに教えてもらう

インド式

おいしいチャイのたのしみ方

awhile chai & soda（アワイル チャイ&ソーダ）は、チャイとソーダの専門店です。出産を機に食に興味を持ち、子どもや地域の人が集えるカフェを開きたいと思ったのがきっかけでした。飲食店で経験を積みながら模索しているなかで、インテリアデザイナーの夫の仕事を通じてインド文化に触れる機会が増え、チャイの奥深さに惹かれていきました。

チャイはスパイス、ミルク、茶葉の組み合わせ次第でさまざまな表情を見せてくれます。コーヒーよりも自由度が高く、自分の手で風味を調整できるのが面白いところ。メニューには、インドの茶葉をベースにした本格的なチャイに加え、和紅茶やほうじ茶を使ったオリジナルチャイも。

インドから仕入れた材料で仕上げられたインテリア。職人の手仕事が息づく、温かみのある空間に。

チャイをおいしく作るコツは、茶葉とスパイスをしっかりと煮出すこと。鍋でじっくり火を通すと、スパイスの香りが引き立ち、味がぐっと深まります。牛乳を入れる前に、濃く抽出することがポイントです。また、ぜひ砂糖を入れて甘いチャイも楽しんでほしいです。コクのあるきび砂糖を入れるとぐんとおいしく感じます。

オープンして1年。これからもチャイを通じて、ほっとできる時間を届けられたら嬉しいです。

窓の外には、季節ごとに表情を変える緑豊かな景色が広がる。

おいしいチャイは材料選びから！

茶葉はミルクに負けないしっかりとした味わいの「アッサムCTC」がおすすめ。スパイスは「セイロンシナモン」:「カルダモン」:「クローブ」を、1:0.5:0.1の比率でブレンドしたものを基本とし、お好みでジンジャーを追加しても。フレッシュタイプはパウダーよりも香りが引き立ちます。牛乳は低温殺菌のものを。ミルキーに仕上がります。

材料（1杯分）

- 茶葉（アッサムCTC）……………… 4g
- スパイス
  - セイロンシナモン………………… 1.5g
  - カルダモン………………………… 3粒
  - クローブ…………………………… 1粒
  - しょうが（千切り・好みで）……… 5g
- 水 ………………………………… 100mL
- 牛乳（低温殺菌牛乳）………… 200mL

1　鍋に水とスパイスを入れ、中火で沸騰するまで煮立てる。

2　茶葉を入れて2分煮出す。

3　火を止めて牛乳を入れ、再沸騰させる。

4　吹き上がるまで煮込む。吹きこぼれるので目を離さない！

5　火を止めて落ち着かせ、さらに弱火で2分ほど煮つめる。

6　茶こしでこして、出来上がり！

TEA PEOPLE

紅茶な人々

no.15

山田　栄

やまだ・さかえ

株式会社リーフル代表。1988年リーフルダージリンハウスを創業。毎年クオリティーシーズンごとにインドやネパールの茶園を訪れ、現地スタッフとディスカッションやテイスティングを重ねながら最高品質の茶葉を厳選している。2004年、ネパール政府より「Ambassador of Nepal Tea」に選出される。イベントやセミナー、書籍などを通じて、紅茶のおいしさを広く伝え続けている。著書は『知る・味わう・楽しむ 紅茶バイブル』（ナツメ社）、『新版 おいしい紅茶の図鑑』（主婦の友社）。

ダージリンへの深い愛情
その素晴らしい世界を
みなさまへ！

紅茶専門店
リーフルダージリンハウス
山田 栄さんを訪ねました

イラスト・谷口風太

1 ある日突然、主婦から社長へ

――紅茶の世界に入ったきっかけは？

当時、主婦だったのですが、子どもも手を離れ、自分で始められることをやってみたいと思ったんです。家業の帳簿をつけながら取引について学んでいくうちに、きちんと社会に関わりたいな、と思い始めました。

いろいろな転機が重なり、ご縁をいただいて紅茶のお仕事をすることになりました。やがて、自分で紅茶を輸入しなければならなくなり、それは自分がもう一度生き直すチャンスのように思えました。自分が生かされている目的、本当は何がしたいのか。自分自身に突きつけられたような気がしました。

――専業主婦から一転、どのように？

仕入れについて全く知識もない状態でしたが、とにかく現地に行かないと！　と、ネパ

吉祥寺、二子玉川に続いて2007年8月にオープンした、銀座店の外観。

ールだったらインドに近いから紅茶があるんじゃないかと知人からアドバイスをいただきネパールに行きました。湾岸戦争の時で、日本に電話もできない状況で2、3ヶ月過ごしました。まるで冒険のような日々でしたが、ネパール経由でダージリンを仕入れることができました。

そうこうしているうちに、ダージリンの関係者から「よかったら一度インドに来ませんか?」というお話をいただいてダージリンにも行くようになりました。「Small money is good money, become big money(小さいお金はいいお金で、それが大きくなる)」と少量ずつ輸入させていただくことになったんです。

2 プロの情熱に応えるお茶を

卸からスタートしたのですが、営業もどうしていいかわからない。最初はレストランが載っている雑誌を見て、ドキドキしながらお電話したり、デパートに直接お伺いしたりしました。当時は商品として紅茶にフォーカスすることがあまりなくて、デパートの方に「紅茶が一番売れないんですよ」というアドバイスもいただきました。

仕事を通じて出会ったプロの料理人の仕事に対する熱意はすごく刺激になりましたね。そしてお客様からも「おいしい。これはどこの紅茶ですか」と言っていただけるようになり「おいしいお茶でお応えしなきゃ」という思いでいっぱいでした。いいお茶を探す、あるいは現地で作っていただく、それが自分の使命のように感じて、生半可な気持ちでは申し訳ないと思いました。とにかく使命感を持ってしまって。

お茶は異なる場所でいれると、違うキャラクターの出かたをするので、私が直接関わった卸先のお客様には現地に伺ってお茶をいれ、そこから選んでいただきました。これはいいお茶だ、と私が思っていても、お客様のとこ

銀座店の店内には、茶園の人々の写真が飾られている。

ろでどういう変化があるのかを知っておきたい。その状況の中でお茶をいれてこそ「日常のお茶」になりますので。

自分の目で、足で、舌で、産地に行ってこそ、というのが30年続けてきた理由ですし、その仕事をする、ということが、自分にとって宝石みたいに感じられて。その衝動がまだ続いています。

3 ダージリン専門店・リーフルの誕生

――リーフルとしてスタートしたのはいつですか。

最初は卸だけで、自宅の居間を事務所にし、パッキングから営業までやっていました。そのうち自宅では手狭になり、取引先のティールーム多奈加亭さんに紹介していただいて、吉祥寺のビルの屋上に小さい倉庫をお借りしました。その後、その近くに倉庫兼事務所として場所を借り、そのままお店としても営業するようになりました。看板も出していなかったのですが、来てくださった方には友人が来たかのようにお茶をおいれしていたんですね。でも、お客様が「飲んでしまったら買わないといけない」というプレッシャーになるのが申し訳なかったので、「テイスティング」という言葉をつかって「よろしかったらテイスティングしてください」と、気軽に飲んでいただくようにしました。それは、同じ農園のお茶でもロット違い、春夏秋といった季節の違いなどを知っていただくきっかけとなり、自分自身も楽しかったです。

――お店を始めた、というより、いつの間にかお店になった。

そうですね。その後に西荻窪に営業所を構えたので吉祥寺はショップだけになりました。1991年、実店舗として最初のリーフルです。お店でお客様にテイスティングしていた

ダージリンだけでも約200種類。試飲をしながらじっくりと選ぶことができる。

だくうちに、ちょっとおこがましいのですが、紅茶セミナーを開かせていただくようにもなりました。すると紅茶がお好きな方や興味を示してくださる方がたくさん来てくださって。新茶が入るごとに全種類のお茶のテイスティングやお茶のいれ方セミナーを開いて、多くのお客様に喜んでいただけるようになりました。

――伊勢丹とのコラボブランド「ナヴァラサ」誕生のきっかけは？

ある年の3月初旬にFOODEX（食品展示会）に出展した際、その年のファーストフラッシュをインドの方とともに紹介しました。一般的にはまだファーストフラッシュは市場に出回らない時期だったのですが、タルボ農園の方が特別に摘み取って作ってくださったファーストフラッシュでした。そこに伊勢丹のバイヤーさんがいらっしゃっていたそうで、ある時「あの時のファーストフラッシュの味が忘れられなくて」とお店を訪れてくださったんです。

伊勢丹の売り場では、最初30㎝程の棚をいただき紅茶缶を置きました。少しずつお客様が訪れてくださるようになり、やがて伊勢丹オリジナルとして、クオリティを前面に押し出した「お茶の図書館」のような形でやってみませんか？　と機会をいただきました。

4 ダージリンに魅せられて

――ダージリンは何種類くらいからスタートしたのですか。

最初はプッタボン農園を2チェスト、FTGFOP1で42㎏ぐらいだったと思います。カルカッタ（現コルカタ）の紅茶商から買いました。次第にオークションである程度ロットを買わなければならなくなり、セリンボン、シーヨク、サングマ、キャッスルトンなど少しずつ輸入を増やしていきました。吉祥寺店

パッケージを裏返しての、ブラインドテスト。

を閉じる頃（２００4年）には15農園30ロットくらいあったと思います。

その当時は日本からダージリンに行く方があまりいなかったのですが、春・夏・秋と収穫期があるので「季節ごとにお茶を見た方が楽しいから今度の春にも来て」と言ってくださり、毎年三度行くようになりました。

いろんな方に会っていろんな紅茶を飲ませていただいてたくさんのサンプルテストをさせてもらいました。お茶のサンプルを毎日見て「好きか、嫌いか」を繰り返します。そのうちの好きなお茶を全部テイスティングして、また「好きか、嫌いか」の繰り返し。それで「どういうお茶が好きなの？」と聞かれて、「ダージリンには想像のつかないおいしさがあるのでは」と、どんどん思うようになりました。

現在ではダージリンだけで１２０ロット、他の産地の紅茶なども合わせると全部で２２０〜２３０種類くらい取り扱っています。紅茶は、生産者が土壌の特徴や天気と向き合いながら育んだ賜物です。農園のマネージャー（技術者）が様々な創作的な紅茶を作ってくださるようになりました。

——ダージリンに惹かれたのはなぜですか。

本当に一つの農園でも個性が違うんですね。毎年、毎回、毎季節、違うお茶が味わえる。「同じサングマなのにこんなに味が違うんですね！」と農園の方と一緒に楽しみつつご苦労話を伺える、とても貴重な時間でした。

紅茶を輸入する上で、実体験として生産地の方たちに会ってこそ、というのがあります。それは1〜2時間お話しして摑めるものではなくて、現地に滞在して、彼らの生活に関わってはじめてわかるもの。情熱を燃やして紅茶を作っている方々、お茶を摘むプラッカーの方々、流通させている方々、お茶に関わる多くの方との出会いを大切にしています。

ダージリンの生産は非常にクリエイティブな世界です。そのお茶を飲んだ日本のお客様

タームザム農園の「ヤマダバリ　ミスティック EX-4」（13ページ参照）。

の感想を農園の方々に伝えると、じゃあ今度はこういう苗木を使って、特別な摘み方で、こういうお茶を作ってみよう、とフィードバックされます。そういった作り手の創造性を刺激するようなお茶に出会うと、胸が突き動かされるんです。そして、またそれを日本のお客様が召し上がって、「香りにすごく感動しました」なんて言われると私も感激して……。その繰り返しです。

5 おいしいダージリンとは

――おいしいダージリンを見分けるコツをおしえてください。

まず、紅茶は鮮度が大事です。最近の傾向として、特に単一農園の場合はパッケージに農園名や摘み取りの年月などが明記され、トレーサビリティーを意識することにつながっていると思います。見た目としては、茶葉の長さが均一で、茶埃《ちゃぼこり》もなく、きれいに見えるのも大事ですね。とはいえ現地では外観にとらわれないように「ブラインドテスト」でテイスティングします。そこで「おいしい！」と鑑定した紅茶の中には、茶葉が不揃いで綺麗でない状態のものもあります。香りは、サンプルの茶葉が入ったケースがありますが、その中の茶葉の新鮮な香りを出すために一回振ってみて、確かめていただくと良いと思います。でも、お茶はいれてみないとわからないので、テイスティングができるお茶屋さんだったら、なお良いですね。飲み慣れるということも大事だと思いますが、おいしいお茶はすっと入ってくる。そのように自分の感性で選ぶと、自分にとってのおいしいダージリンに巡り会えると思います。

私は、おいしいダージリンを作る生産者と、そのおいしさを伝える大切なスタッフ、喜んでいただけるお客様と一緒にいることで、日々紅茶を楽しむ幸せを感じていますし、とても感謝しています。

TEA PEOPLE

紅茶な人々

no.16

石井道子
いしい・みちこ

有限会社マカイバリジャパン専務取締役。父の仕事で幼少時代をインド、高校時代を英国で過ごす。大学院修了後、銀行系シンクタンクに勤務。現在、日本とインドの架け橋として、紅茶販売のみならず社会貢献プロジェクトにも取り組む。

石井博子
いしい・ひろこ

Ishii Trading Private Limited 取締役、ニューデリーにある紅茶専門店 HAPPY HUNTER オーナー。国際基督教大学大学院教育学研究科修士課程修了。幼少時代をインド、カタール、小中高校時代を英国で過ごす。在インド歴38年。

輸入紅茶の有機JAS認証第1号！
SDGsの先駆けマカイバリ茶園！

石井道子さん 石井博子さんを訪ねました

イラスト・谷口風太

1 マカイバリ日本総代理店として25年

——マカイバリジャパンをはじめたきっかけは。

道子（以下M） 私の父は海外駐在の商社マンでした。最初のインド駐在（1975〜1982年）の後、中東（カタール）へ転勤し、その後2度目のインド駐在となりました。私がはじめてインドに行ったときは、社会主義から市場開放へと移行しつつある時期でした。そんなとき、父が「自分でビジネスをはじめたい」と、勤めていた商社を辞めて、現地のインドで会社を立ち上げました。それからしばらくして、現地のインド人の紹介でマカイバリ茶園の4代目オーナー、ラジャ・バナルジー氏と出会いました。

彼は瞑想をするスピリチュアルな人で、「日本からライトパーソンが来る」という夢を見

マカイバリ茶園の茶摘み女性たち。石井博子が年に2〜3回訪問しています。

たそうで、それが父だったんですね。今では信じられませんが、握手一つで契約書もなしに、マカイバリ茶園の日本での総代理店の権利を得たんです。そして父はインドに残り、母は日本でマカイバリジャパンを立ち上げました。今から25年前のことです。私はその頃別の仕事をしていましたが、翌年に合流しました。数年後には妹も加わり、家族経営になりました。

──マカイバリ茶園について教えてください。

M　1859年にダージリンに設立された茶園で、1972年から農薬や化学肥料を一切使用しないシュタイナー農法によって茶栽培を行っています。

実は、私たちが日本で最初に有機JAS認証を取得した会社なんです。当時は有機JAS認証のためには検査員が直接現地に行く必要がありました。マカイバリ茶園を視察し、広大な茶園が完全にオーガニックで運営されていることに感動したそうで「ここは本当に素晴らしい」と評価してくださいました。当時はまだオーガニックやフェアトレードの概念もほとんど知られておらず、営業に行っても「オーガニックって何ですか?」という時代でした。SDGsが当たり前になって有機JASの認証を取得することが重要視される現在とは大きくちがっていましたね。

──マカイバリ茶園の経営について教えてください。

M　マカイバリの経営は、2019年にインドの「ラクシュミ」グループという財閥に売却されました。彼らはブランド力を重視し、オーガニック紅茶の価値を理解していたので、農法やスタッフはそのまま維持されています。オーガニック農法を取り入れたラジャ・バナルジー氏は引退しましたが、彼はマカイバリで行ったノウハウをインド全体に広げるために、オーガニック指導の活動をしています。

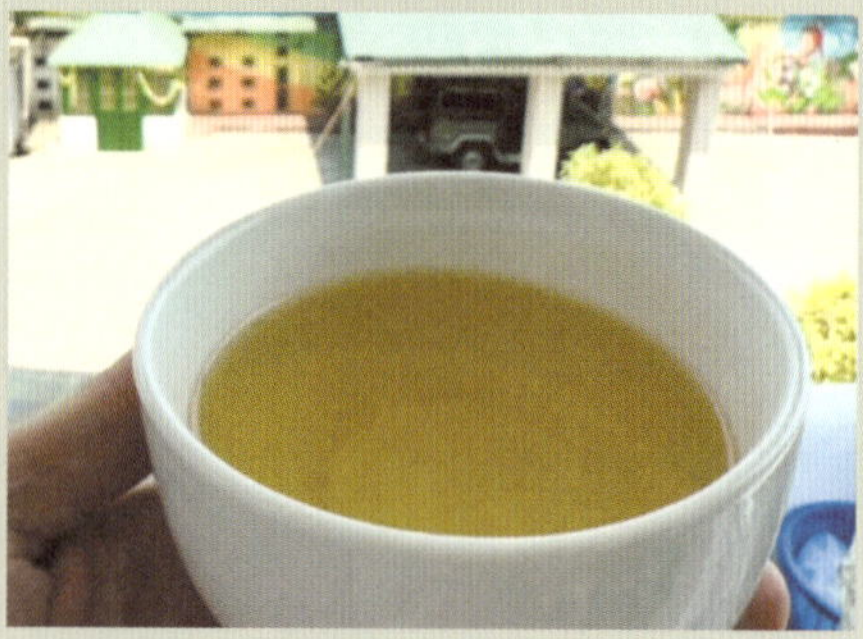

前日に作られた紅茶をテイスティングします。作りたての紅茶は味、香りともに素晴らしいです。

2 30年住んで見てきたインド

――インドの文化や気候について教えてください。

博子(以下H)　私は30年以上インドに関わっています。インドはとても多様な国で、宗教や文化も地域によってまったく異なる多言語・多民族国家。南と北では生活習慣も大きく異なります。でも、共通して大切にされているのが「宗教」と「家族」です。

気候については、ヒマラヤの北部は標高が３０００～５０００ｍにもなり、非常に寒いです。一方、南部は一年中暑くて、まさに常夏です。私が住んでいる北インドのニューデリーは、夏がとても長いですね。また、大気汚染が深刻です。特に冬の時期がひどく、雨が降らないため、汚染物質が空に溜まってしまうのです。

――紅茶の栽培にも影響がありますか？

H　はい、大きな影響があります。私は年に4回ほどダージリンに行くのですが、特にコロナの時期には変化が顕著でした。当時、インド全体で厳しいロックダウンが実施されました。その影響で、交通量が激減し、空気が驚くほど綺麗になりました。そのおかげで茶畑の環境も改善され、２０２０年と２０２１年のお茶の品質は非常に良かったんです。特に２０２１年の紅茶は素晴らしかったですね。

――そんなに変化があったのですね！

H　はい。そして、私は２０２１年10月、コロナ禍明けにダージリンに渡った最初の外国人になりました。

その後の紅茶は、やはりロックダウンの反動がありました。茶畑も環境が急激に変化すると順応するのが難しくなります。

２０２２年頃から観光が再開され、ツーリストが戻ってきました。しかし、それと同時

インドの街中にはチャイ屋が必ずあります。インドの人々にとってチャイは日常生活において欠かせない飲み物です。

にお茶の生育状態が悪化し、新芽が十分に育たない、あるいは育ってもすぐに葉が開いてしまうといった異常な現象が起こり始めたんです。オーガニック栽培の茶園は特に環境の影響を受けやすく、気候変動や汚染の影響をダイレクトに受けます。この気候変動や環境変化を経て、オーガニック農法の大切さがより明確になりました。実際、ダージリンの茶園では、ここ数年の異常気象を受け、茶摘みの方法や土の作り方を見直す動きが出ています。マカイバリ茶園では2023年3月から、茶摘みや製造工程を改めて調整する取り組みが始まりました。

——生産量の変化はありますか？

H　はい。インド全体として減少しています。気候変動の影響のほか、深刻な人手不足が課題です。茶園の多くの若者が都市部で働くようになりました。また、ニルギリの茶園ではオートメーション化が進み、60人の労働力が必要だった工場が6人で運営できるようになりました。オートメーション化することで、24時間休みなしで稼働できるというメリットがあります。ヒューマンエラーも減少し、品質の安定化にもつながりますが、オートメーション化には資本が必要なので、今はちょうど過渡期にあると思います。

——インド式ティータイムの楽しみ方を教えてください。

H　インドでは家庭でもストリートでも、チャイを飲む習慣があります。どこに行ってもまず出てくるのが温かいチャイですね。種類や飲み方も多様で、日本のお味噌汁のように各家庭でレシピが違います。インドでもスターバックスなどのカフェは人気がありますが、家に帰るとやっぱりチャイを飲むんです。

　合わせるお菓子は、ビスケットや甘くない揚げ菓子、スパイスを加えたスナックが多いです。日本で手に入りやすいものだとナッツ

ラジャ・バナルジー氏（元・第4代マカイバリ茶園主）と博子。バナルジー氏は小さな生産者を訪れてオーガニック指導をします。

やバナナチップスもおすすめです。バナナチップスとミルクティーの相性は良いですよ。

3 生産者のサポート

M　私たちはラジャ・バナルジー氏の理念を大切にし、小規模生産者の支援を続けています。その一環として、ラジャ・バナルジー氏がマカイバリ茶園退職後に立ち上げたブランド「RIMPOCHA（リンポチャ）」があります。

――「リンポチャ」にはどんな意味があるのでしょうか?

H　「リンポ」とは、チベット語で「聖なる人」という意味です。そして、「チャ」はお茶を意味します。小規模生産者を支援することを目的とし、彼らが作る紅茶を世界に届けることを目指しています。

M　また、マカイバリ茶園ではツーリストのホームステイ事業という取り組みがあります。1泊4000円ほどで茶園で働く人々の家に泊まり、彼らの生活を体験できる仕組みです。村の人々にとっても良い収入源になり、訪れた人にとっては貴重な経験になります。

――とても素敵なプロジェクトですね！

H　そうなんです。紅茶産業に携わる人々の生活向上のために考えられたものの一つです。茶摘みの労働者の給料は州政府によって決められていて、どの茶園でも基本的に同じですが、それだけでは十分な収入にならないこともあります。そこで、「自分たちでビジネスを起こす」という考えが生まれ、ホームステイの取り組みが始まりました。

その他にもマカイバリ茶園ではフェアトレードの資金を活用した奨学金制度の運営もしています。こうした支援によって茶園の子どもたちがより多くの選択肢を持てるようになりました。

——インド紅茶の展望や紅茶産業への期待についてお聞かせください。

H　私たちの役割は「本当に価値のある紅茶」を伝えていくことだと考えています。そして、これからの紅茶産業は「大量生産（マス）」と「クラフト」の二極化が進んでいくと考えています。「マス」は、大規模な工場で大量生産される紅茶で、主に国内消費や近隣諸国への輸出向けになります。一方、「クラフト」は、小規模農家が自分たちで作る高品質な紅茶のことです。

——クラフトティーの動きが広がっているんですね。

H　はい。例えば、最近バナルジー氏の紅茶が、オークションで1kg５０００ドル（約70万円）の価格を付けました。こうしたクラフトティーは、品質にこだわった少量生産の

お茶として、世界的に注目されはじめています。

これまでは、とにかくたくさん紅茶を生産するという量を重視する傾向がありました。しかし、これからはクラフトティーのように、生産者がこだわりを持って作った特別な紅茶が、より価値を持つ時代になっていくと思います。

インドの小規模生産者も、インターネットを活用して直接世界中に情報を発信できるようになりました。これまでのように大手企業に茶葉を卸すだけではなく、自分たちでブランドを作る動きも出てきています。

M　これからは小さな生産者にスポットライトが当たる時代になると思っています。良いものを作ったら正当に評価され、その対価がきちんと得られる。そういう時代になりつつあると感じていますし、そうなって欲しいのです。

大久保 カプール 玲夫奈
おおくぼ・カプール・れおな

インド人の父と日本人の母のもと東京で育ち、幼少期に父がいれるスパイスチャイに親しむ。2019年、その原体験をもとにマサラチャイ専門ブランド「モクシャチャイ」を創設。インド現地で茶葉やスパイスを厳選し、本格チャイの魅力を日本に伝えるべく、カフェ運営や茶葉の販売、イベントなど多方面で活動している。

TEA PEOPLE
紅茶な人々
no.17

チャイ専門店
Cafe モクシャチャイ中目黒

大久保 カプール 玲夫奈さんを訪ねました

大切な時間にお届けしたい
心をほどく本格チャイの魅力！

イラスト・谷口風太

1 モクシャチャイの誕生と背景

——モクシャチャイを始めたきっかけは？

僕は日本で生まれ育ちましたが、父がインド人で母が日本人というバックグラウンドを持っています。父は毎朝、必ず母にチャイを作っていました。ただお湯を沸かしてティーバッグを入れるような簡単なものじゃなく、スパイスをすり潰して、茶葉を煮出して、じっくり時間をかけて作って飲むのですが、だいたい2時間くらいかかるんですよね。それが僕にとって当たり前の光景でした。

——素敵なお茶の時間ですね。

母は介護の仕事をしていて、朝がとにかく早かったんです。でも、毎朝母が仕事に出る前に、父がチャイをいれてテーブルに座り、二人でゆっくりと時間を過ごすのが日課でした。風邪をひいてるときはショウガを多めに

オーナーとオーナーの父C・M・カプール氏。

入れたり、「今日はちょっと疲れてそうだから、カルダモンを強めにしよう」と調整したり、チャイにはそういう気遣いが詰まっていました。夫婦喧嘩した翌日でもね、絶対にチャイの時間は守られていて、二人は黙ったまま何も言わずにチャイを飲みながら、いつの間にか心がほどけていく。僕はそんな二人の姿を見て育ちました。

――家族の時間がきっかけだったんですね。

はい。でも、実は大学を卒業してすぐに就職して仕事を始めたので、毎朝バタバタしながら会社に行く生活をしていました。

ある日「あれ？ なんで自分は毎日こんなに慌ただしく生活しているんだろう」、「どうすれば家族との時間が取れるのだろうか」と、ふと思ったんです。父の家でのチャイの時間みたいに、もっと心が落ち着くひとときを作れないかと思って。何かプロダクトがあって、理由があればその先に大事な時間が生まれるんじゃないか、そして、僕に何ができるか、何だったらやる意味があるのかと考えた時に、ルーツであるインドのチャイだと思ったんです。

2 幼少期のインドでの思い出

――印象に残っている出来事は？

毎年夏休みにはインドに行っていました。父は7人兄弟の長男で、親戚が多いんですよ。いとこが何十人もいて、もう名前を覚えきれないくらい（笑）。言葉がうまく通じなくても、たこ揚げをしたり、近所の子と折り紙をして一緒に遊んだり、毎日が冒険みたいでしたね。祖母の家では、朝みんなでヨーグルトを手作りしていたんです。その横では必ずチャイが作られていて、家じゅうにスパイスの香りが広がるんですよ。その香りを嗅ぐと、「ああ、インドに来たな」って実感しましたね。

インドのチャイって、日本のチャイとは全

8歳の夏休み、インドを訪れた時に祖母と一緒に。

然違うんです。屋台や家庭ごとに味が違って、スパイスの配合もそれぞれ違う。「あそこの屋台のチャイはカルダモンが強め」とか、「こっちの家庭のチャイはシナモンが多い」とか、そういう違いが面白くて。僕にとって、チャイは単なる飲み物じゃなくて、文化であり、家族の温かさを感じられるものなんです。

3 日本のチャイ文化への挑戦

——日本でチャイを広めようと思った時、大変だったことはありますか?

最初は大変でしたよ(笑)。日本のチャイは、フレーバーのついたミルクティーに近いものが多いんです。「本場のチャイはもっとおいしいのに」と、もどかしい思いでした。本格的なチャイを広めることで、飲む人をもっと感動させることができると思ったんです。

最初は、お店を持つつもりはなかったんです。僕はもともと輸出入業をしていて、紅茶業界にいたわけでもない。でも、インドでの幼少期の経験や、父が毎朝作ってくれたチャイの記憶が、ずっと僕の中に残っていました。「自分が本当に大切にしたいものって何だろう?」と考えた時に浮かんだのが、あのチャイの時間でした。そこから「日本の人たちにも、チャイを通じてほっと一息つける時間を届けたい」と思い、まずは商品としてのチャイを売ることから始めたんです。

——商品販売からスタートしたんですね?

そうです。いきなりお店を開くのはハードルが高いし、まずはチャイの魅力を知ってもらうことが大事だと思いました。最初にモクシャチャイの商品が完成したあとは、イベント販売やオンライン販売を中心に展開していました。イベントでは、多くのお客様に「どこで飲めるの?」と聞かれることが増え、商品だけでは伝えきれないチャイの魅力をしっかり届けたいと思うようになったんです。

一番人気のロイヤルマサラチャイ、15包入り ティーバッグ。

　最初は缶入りのリーフタイプのチャイを販売していたのですが、「おいしいけど作り方がわからない」と言われることが多くなかなか売れませんでした。そこで買ってもらって終わりじゃなくて、ちゃんと飲み終わってまたリピートしてくれる商品を開発したいと思ったんです。そうしてできたのが電子レンジで簡単に本格的なチャイが作れるティーバッグタイプの「レンジdeチャイ」です。僕も毎朝「レンジdeチャイ」で家族とのチャイの時間を過ごしています。時間は2時間ではなく、20分ですが（笑）。

4 中目黒のお店は「スパイスの体験場所」

　2019年の秋、知り合いを通じて中目黒に場所を間借りし、週1回の営業から始めました。当時はまだ「本格的なチャイ専門店」という概念が日本にはあまりなく、受け入れてもらえるのか不安もありました。しかし、イベントで出会ったお客様が実際にお店に足を運んでくださり、「この味をずっと求めていた」と言ってくださる方が増えていきました。

　店舗を本格的に構えようと決意したのは、その後です。ただし、いざ実店舗を開くとなると、資金や運営の課題が山積みでした。最初の1年はお店の立地、提供するメニュー、オペレーション、どれもが初めての挑戦だったので、試行錯誤の連続、日々改善を重ねながら進めました。

――お店が軌道に乗ったのはいつですか？

　9月にオープンし、その年の11月1日「紅茶の日」に「めざましテレビ」で「チャイソーダ」をご紹介いただきました。翌年3月には、「マツコの知らない世界」の「チャイの世界」でも取り上げていただき、オープンから半年ほどでメディアを通じて広く認知されるようになりました。特に「朝のチャイ習慣」

2024年6月、インド・アッサム州のジャトリバリ茶園にて。

というコンセプトは共感を呼び、リピーターが増えていきました。

5 こだわりの商品開発

――ポイントはスパイスの配合ですか？

はい。スパイスの配合と、茶葉の選び方です。チャイに適した茶葉は、普通のストレートティーとは違うんです。ミルクで煮出してもしっかり味が出るように、コクのあるアッサム茶葉を選んでいます。

――チャイを作るときのコツはありますか？

一番のポイントはちゃんと煮出すこと。お湯を注ぐだけじゃなくて、しっかり火にかけて煮出すことで、スパイスと茶葉の香りが引き立ちます。ミルクを入れるタイミングも大事ですね。

また、チャイと相性の良いフードメニューの開発にも力を入れました。インドの家庭の味をベースにしたスパイスチキンカレーや、チャイに合うスイーツなどを提供することで、食事と一緒に楽しめるスタイルが定着していきました。

――スイーツのメニューも豊富ですね。

チャイってニッチな飲み物じゃないですか。ニッチなチャイにドーナツ、プリン、ソフトクリームなど、みんなが好きなスイーツを掛け合わせると多くの人に届くんです。チャイだけではなくて、コーヒーやソフトドリンクもあり、家族みんなで楽しめるお店づくりを心がけています。

――これからどのように発展させていきたいですか？

モクシャチャイの「モクシャ」とはサンスクリット語で自由や解放という意味なんです。チャイで心を解放するような時間を多くの人に届けていきたいですね。お店だけじゃなく、イベントやワークショップを通じて、チャイの文化を広めていくことも考えています。

それに、チャイはもっと自由に楽しめるもの。インドのチャイもあれば、日本独自のチャイのスタイルがあってもいいと思うんです。

6 チャイ市場の未来

――チャイの楽しみ方を教えてください。

僕は、チャイを「単なる飲み物」じゃなくて、「心をほどく時間」として広めていきたいんです。ほっと一息つく時間を作るきっかけになったらいいなって思っています。誰かのために作ってあげる、というのはひとつの喜びだと思います。家族や親しい人のために作ると、みんなが幸せになる時間が増える。紅茶ってそういう心をほどく時間を作るきっかけだと思うんです。

今後はモクシャチャイ独自のブレンドをさらに充実させる予定で、季節ごとに変わるスパイスの組み合わせや、新しいフレーバーの開発にも力を入れています。そして、もっと手軽にその時間を作ってもらうために、お湯だけでできるインスタントチャイも展開していく予定です。さらに、店舗展開や海外進出も視野に入れ、世界中の人々にモクシャチャイの魅力を伝えていきたいと思っています。

――お父さんとお母さんのチャイの時間みたいに。

まさにそれなんですよ。あのチャイの時間が、僕にとってどれだけ大切な時間だったか。その経験を、もっと多くの人に届けたい。より多くの人にチャイを体験していただく機会を作ることを目指しています。

イベントやポップアップショップを開催したり、チャイの文化を発信したりすることで、日本でも「チャイのある生活」が根付くようにしたいですね。

London Tea Friends:

ロンドンの片隅で以茶会友《いーちゃほいよう》

文・写真　濱口ゆり子

毎週日曜日になると、ロンドン東部にある文化複合施設バービカン・センターのフリースペースに、お茶をいれながら和気あいあいと交流している集団が現れます。人の出入りは自由で、何時間もおしゃべりをしている人もいれば、バービカン・センターへ他の用事でやって来たついでにふらりと立ち寄る人も。このサークルの名は、London Tea Friends。お茶を通じて出会った仲間たちが、お茶が好きな人たちどうしが気軽に集まれる場所をロンドンに作ろうと立ち上げた組織です。当初は少人数での活動でしたが、徐々に規模が拡大し、お茶好きの人たちの間ではちょっと知られた存在になっています。

私も少し前から名前は耳にしていたのですが、ハードルが高いような気がして参加できずにいたところ、ロンドン紅茶通信として取材するという名目で、思い切ってお茶会に足を運んでみました。結果として、不安は全くの杞憂。誰でも歓迎という言葉通り、とてもフレンドリーな集まりでした。

お茶会は、運営チームが参加者を3、4人の班に分け、班の中で各々が持ち寄ったお茶をいれて飲み自由に歓談するセッションを約30分ごとに繰り返すという方式で、できるだけ多くの人と交流できるよう工夫がされています。一緒に飲んでいるお茶のことはもちろん、おすすめのお店や、お茶業界の最新ニュース、英国内外のお茶フェスティバルについてなど、興味深い話題が尽きません。

持ち寄り形式によって、珍しいものや高価なものを含め、少しずついろいろな種類のお茶を飲み比べられるのが魅力です。

濱口ゆり子
はまぐち・ゆりこ

ロンドン生まれ、横浜育ち。元々紅茶は日常的に飲んでいたが、仕事のためイギリスに引っ越したことをきっかけに改めて紅茶の世界の奥深さに魅了される。紅茶を軸に、イギリス暮らしにまつわるいろいろな発見を楽しんでいる。『TeaTime』編集部員。

上　個性豊かな茶器がずらりと並んでいるのを見て、自分用の茶器もそろえたくなってきました。／下　蓋碗（がいわん）をお借りして、持参したやぶきた和紅茶をいれさせてもらいました。

持ち寄るお茶は、私が参加した回は紅茶がテーマでしたが、緑茶、烏龍茶、プーアル茶、白茶、珠茶《じゅちゃ》（茶葉が丸い珠状をしたもの）など、週によって変わります。工夫茶《ごんふうちゃ》（中国式のお茶のいれ方）用の茶器を持参している方も多く、東アジアのお茶に特に関心が強いのが会の特徴です。とはいえ、過去のお茶会では希少なスパークリング・ダージリンティーを楽しむなど、対象に縛りはなく、常にまだ見ぬお茶との出会いを求める好奇心がLondon Tea Friendsの原動力になっています。

参加者には、自身が茶葉や茶器の販売店を営んでいる方や、インドや中国の茶園を訪問した経験がある方も複数いらっしゃり、本格志向であることに間違いはありません。それでも、私のような知識の浅い人間が浮いてしまう雰囲気は全くなく、知らないことはここで学べばよい、そのためのお茶の楽しみを知り、情報交換をするための場である、という方針がありがたかったです。以茶会友（お茶を通じて友となる）という理念のもと活動しているLondon Tea Friends。もしもロンドンへ行く機会があれば、お茶会に参加してみてはいかがでしょうか。

夏には、野外でティーフェスティバルを開催。ワークショップや専門家による講話もある、特別イベントです。
写真提供 : Zipu Zhu (London Tea Friends)

イギリスの定番、
プディングのクランブルと
ケーキを合わせたデザート。
カスタードをかけて。

BRITISH CAKE HOUSE

英国菓子研究家・小澤祐子さんが手がける、神奈川県湯河原町にある英国菓子教室＆アフタヌーンティーサロン。2024年『BRITISH CAKE HOUSE 英国菓子、料理、スタイル、四季のおもてなしレシピ』（主婦の友社）を刊行。

製作　小澤祐子〈BRITISH CAKE HOUSE〉
写真　矢島直美

BRITISH CAKE HOUSE

Crumble Cake

クランブルケーキ

材料
(12cmの丸型2台分､もしくは15cmの丸型1台分)

生地
バター（食塩不使用）……… 100g
グラニュー糖……………… 100g
全卵……………………… 2個
薄力粉…………………… 80g
アーモンドパウダー ……… 20g
ベーキングパウダー ……… 2g
塩………………………… 少々
牛乳……………………… 大さじ1
お好みのフルーツ※ ‥ 80～100g 程度
グラニュー糖……… 大さじ1～2

クランブル
バター（食塩不使用）……… 45g
ブラウンシュガー ………… 45g
薄力粉…………………… 45g
アーモンドパウダー ……… 45g
シナモンパウダー ……… 小さじ⅛

準備
・バター、卵は室温に戻しておく。
・型にクッキングシートを敷いておく。
・生地の薄力粉、アーモンドパウダー、ベーキングパウダーを合わせておく。
・オーブンは170℃に温めておく。

カスタード
卵黄……………………… 2個
グラニュー糖……………… 35g
牛乳……………………… 170mL
生クリーム……………… 50mL
バニラペーストまたはバニラエッセンス
……………………………… 少々

作り方

生地・クランブル
1 クランブルの材料をすべてボウルに合わせ、スケッパーなどで切るようにして混ぜ、両手でこすり合わせてそぼろ状にし、冷蔵室に入れる。
2 別のボウルにバターを入れ、泡立て器でなめらかにし、塩とグラニュー糖を一度に加え、空気を含んで白っぽくなるまで攪拌する。
3 別のボウルに全卵を溶き、2に少しずつ加え、その都度泡立て器でよく混ぜる。
4 薄力粉、アーモンドパウダー、ベーキングパウダーを合わせたものを3に3回に分けて加え、その都度ゴムベラで練らないように混ぜる。
5 牛乳を加え混ぜ、型に流して表面をならし、フルーツ（写真はブラックカラント）を並べ、グラニュー糖をふりかけ、1のクランブルを表面に広げる。
6 170℃のオーブンに入れ、40～45分焼く（15cmの型の場合は45～50分程度）。
7 焼きあがったら型から外し、冷ます。カスタードをかける。

※ブラックカラントやグーズベリーなどの酸味のあるフルーツが良く合います。

カスタード
1 鍋に牛乳、生クリーム、バニラペースト（またはエッセンス）を合わせ、中火にかける。
2 ボウルに卵黄、グラニュー糖を合わせ、泡立て器で白っぽくなるまですり混ぜる。
3 1が軽く沸騰したら、2に加え、泡立て器で混ぜ、鍋に戻す。
4 鍋を弱火にかけ、木ベラか耐熱性のゴムベラでこそげるように混ぜ、83℃まで加熱する。
5 氷水にあてたボウルに濾し入れ、冷ます。

エスプリのある食卓
紅茶と料理のアンサンブル
想い出のサラダニソワーズ

レシピ・文・写真　徳田由香里

幼少の頃に、母が作ってくれたサラダニソワーズ。生のピーマンを口にしたのは初めての体験でした。キラキラとしたガラスの器に、かき氷のように盛り付けられたカラフルなサラダ。薄くスライスされたピーマンの苦みはレタスともツナともオリーブの実とも相性抜群で、「これはいける！お母さん、お料理が上手だな」と、新しい味覚を発見したのを鮮烈に覚えています。それが、南フランスのサラダニソワーズと知ったのは、初めて南仏ニースへ旅した時のことでした。

ニースのビストロやカフェの定番サラダ「サラダニソワーズ」のドレッシングは、テーブルにあるオリーブオイルとビネガー、塩・胡椒を好みでかけるだけというとてもシンプルなもの。だけど奥深い味わいです。

母から受け継いだ家庭的サラダニソワーズ。夏の地中海の味を、海辺に輝く太陽のキラキラとした輝きのようなダージリンティーと。

サラダニソワーズ

材料（4人分）

サラダ

- レタス（内側の柔らかい葉）‥ ½個
- ツナ缶 ‥‥‥‥‥‥‥‥ 2個（160g）
- ピーマン ‥‥‥‥‥‥‥‥‥‥ 2個
- 玉ねぎ ‥‥‥‥‥‥‥‥‥‥‥ ½個
- プチトマト ‥‥‥‥‥‥‥‥‥ 4個
- きゅうり ‥‥‥‥‥‥‥‥‥‥ 1本
- 卵 ‥‥‥‥‥‥‥‥‥‥‥‥‥ 2個
- 黒オリーブ ‥‥‥‥‥‥‥‥‥ 適量
- パセリ ‥‥‥‥‥‥‥‥‥‥‥ 適量
- レモンドレッシング（下記参照）適量

準備

- 好みのかたさのゆで卵を作る。

レモンドレッシング

- レモン ‥‥‥‥‥‥‥‥ 2個（150g）
- オリーブオイル ‥‥‥‥‥‥‥ 50mL
- 塩 ‥‥‥‥‥‥‥‥‥‥‥‥‥ 適量
- 胡椒 ‥‥‥‥‥‥‥‥‥‥‥‥ 適量

作り方

サラダ

1. レタスを手で食べやすい大きさにちぎる。
2. ピーマン、玉ねぎ、きゅうりは薄くカットし、それぞれ水にさらしシャキシャキ感が出たら水きりする。
3. ゆで卵を半分にカットする。
4. プチトマトを半分にカットする。
5. 器にレタスをのせ、2～4とツナをのせ、オリーブ、パセリを飾り完成。
6. レモンドレッシングをかけてていただく。

レモンドレッシング

1. レモンを搾る。
2. レモン汁にオリーブオイルを入れて混ぜ、お好みで塩と胡椒で味付けする。

平目のムニエル

材料（4人分）

- 平目フィレ ………… 150g × 4枚
- 薄力粉 ………………………… 120g
- バター（食塩不使用） ……… 120g
- パセリ ………………………… 80g
- 塩 …………………………… 適量
- レモン ………………………… ½個

準備

- 薄力粉をバットに入れる。
- パセリをみじん切りにする。
- レモンをくし切りにする。
- バターを2等分にカットして60gを2つ用意する。

作り方

1 平目に軽く塩を振り、1分ほどなじませる。

2 平目の表面全体に薄力粉をしっかりとまぶし、余分な粉は払い落とす。

3 直径28cmのフライパンにバター60gを入れ中火で熱し、バターが溶けたら強火にして、平目を皮目から2枚入れ、皮がパリッとするまで焼く。

4 中までしっかり火を通すためさらに4〜5分焼き、ひっくり返して3分、最後に再び皮目を1分焼いたら火を止め、パセリの半量を散らす。

5 皿に平目をのせ、フライパンに残ったパセリとバターのソースをかけて、レモンを添えて完成。

6 残りの2枚の平目も同様に焼く。

ダージリンティー

材料（4人分）

- マリアージュ・フレール
  ダージリン（茶葉）・・・・・・・・・・・・・・・・16g
- お湯（95℃）・・・・・・・・・・・・・・・・・・ 900mL

作り方

1 温めたティーポットに茶葉を入れ、熱湯を注ぎ3分間抽出。

2 茶こしを使ってカップに注ぐ。

マリアージュ・フレール　ダージリン
キャッスルトン茶園
FTGFOP1 DJ2/2024 - Spring Flush - Premium First Flush

徳田由香里
とくだ・ゆかり

2004年に渡仏、ル・コルドンブルーにて料理の基礎を学び、リッツ・エスコフィエにて食から広がる芸術を学ぶ。料理教室主宰。料理とワインのマリアージュを探求している。2023年より京都での活動も開始。

憧れのアフタヌーンティー 7

パレスホテル東京

ラウンジバー プリヴェ

写真　矢島直美

皇居のほとりに佇むパレスホテル東京。
「ラウンジバー プリヴェ」は、
フランス語で〝プライベート〟を意味する通り、
落ち着いた大人のためのシックな空間です。
ここで楽しめるのは、隣接するレストラン
「エステール by アラン・デュカス」のコンセプト
「大地（La Terre）と海（La Mer）の
出会いの物語を紡ぐ場所」から生まれた
アフタヌーンティー〝テール エ メール〟。
鎌倉野菜を主役にしたセイボリーと
旬の果物を使ったスイーツを手がける
シェフの小島さんとペストリーシェフの中澤さんに、
その思いを伺いました。

パレスホテル東京
ラウンジバー プリヴェ

東京都千代田区丸の内 1-1-1 6F
電話：03-3211-5350（アフタヌーンティー
予約専用ダイヤル 10:00 ～ 19:00）
14:30 ～ 17:00
月曜・火曜以外の提供（祝日は提供）

小島 景　こじま・けい

エステール byアラン・デュカス　シェフ／1964年東京生まれ、鎌倉育ち。アラン・デュカス氏と右腕フランク・セルッティ氏のもとで10年以上研鑽を積み、モナコのミシュラン三つ星「ル・ルイ・キャーンズ アラン・デュカス」で副料理長を務める。帰国後、「ベージュ アラン・デュカス 東京」の総料理長を務め、デュカス氏から最も信頼される日本人シェフの一人に。2023年より「エステール byアラン・デュカス」シェフに就任。

――「ラウンジバー プリヴェ」では、どのようなアフタヌーンティーが楽しめますか？

小島　私の地元・鎌倉の新鮮な野菜を主役にしたセイボリーや、趣向を凝らした美しいスイーツなど、ここでしか味わえない逸品を揃えています。これは、隣接するレストラン「エステール by アラン・デュカス」の料理哲学と共通するものです。「エステール」では、デュカス氏から受け継ぐ理念のもと、日本の四季の移ろいや自然の恵みに敬意を払いながら料理を提供していますが、アフタヌーンティーも同様に、素材本来の持ち味を生かすことを大切にしています。

　私が「エステール」のシェフに就任した際、料理の考え方を一度ゼロに戻し、材料の切り方や火加減、機材の使い方まで見直し、再構築しました。例えば、バターの代わりに魚や野菜からとる自然由来の出汁を活用し、環境負荷を抑えながら、よりピュアな味わいを引き出す工夫をしています。

――小島シェフ自ら、鎌倉の市場で新鮮な野菜を仕入れるそうですね。

小島シェフが自ら市場で仕入れた鎌倉野菜をつかった「季節野菜と季節野菜のソース」。シンプルな調理法で、いきいきとした素材の味を存分に楽しめる一品。

小島　毎朝の日課として、「レンバイ（鎌倉市農協連即売所）」で野菜を選ぶことは、私にとってライフスタイルの一部になっています。食材の買い付けだけで

「どうぞそのまま、手でつまんでお召し上がりください」とご紹介いただいたのは、旬の魚やこだわりの肉を、野菜やキャビアとともにサンドした「ピッツァ スライダー４種」。

左上から時計回りに「ピスタチオと苺のフレジエ」「コンヴェルサシオン」「チョコレートとコーヒーのルリジューズ」「ルバーブジャムのサブレ」「パッションフルーツのレアチーズケーキ」。

なく、生産者との対話を通じて「次はどんな料理を作ろうか」「どんな一皿ならお客様に楽しんでいただけるだろうか」と想いを巡らせる時間でもあります。オフの日の趣味はサーフィン。料理だけでなく、いかに生きる時間を充実させ、自分自身を満足させるかが大切だと考えています。キッチンの中だけでなく、海や山に囲まれた環境での豊かな時間が、私にとってのインスピレーションの源になっています。

――ペストリーシェフの中澤さんにお聞きします。デザートはどのような構成になっていますか？

中澤　デザートプレートは5種類で構成されています。焼き菓子1種、「ル・ショコラ・アラン・デュカス」のチョコレートを使用したもの1種、そして季節のフルーツを生かした3種類です。さらに、レストランで提供するデザートをアレンジした一皿とパウンドケーキを加え、計7種類のスイーツをご用意しています。

――セイボリー同様に、デザートも季節感たっぷりですね。

中澤　そうですね。季節ごとに異なる旬のフルーツがあるので、まずは何を使うかを決めることからメニュー構成を考えます。今回は、沖縄産のパッションフルーツや、イチゴ、ルバーブを選びました。

――一つひとつ手が込んでいて、目からもおいしさが伝わっ

「パッションフルーツのレアチーズケーキ」は春のメニューのなかでも注目の、酸味とコクのバランスが絶妙な一品。サブレ生地の上に、パッションフルーツの果汁とシロップを染み込ませたスポンジ生地と、レアチーズのムースを。バニラクリームとパッションフルーツのジュレで仕上げた。

中澤 紘平　なかざわ・こうへい

エステール by アラン・デュカス　ペストリーシェフ／1991年新潟生まれ、新潟育ち。新潟調理師専門学校を卒業後、自由が丘の名店「パリセヴェイユ」で経験を積む。2019年「ベージュアラン・デュカス東京」に入店し、フレンチペストリーの技術を研鑽。2022年より「エステール by アラン・デュカス」のペストリー部門を支え、2024年10月にペストリーシェフに就任。

歴史あるドイツの紅茶メーカー、ロンネフェルト社公認のティーマスターが在籍。オリジナルアイスティーのほか、バーテンダーの宮下彰さんが味わいの美しさに惚れ込んだという、茨城県の茶園・長野園が手がける和紅茶で作ったオリジナルブレンドティーも。

てきます！　アフタヌーンティーならではの工夫はありますか？

中澤　通常のケーキは、一つのサイズで満足感を出すのに対し、アフタヌーンティーでは、少しずついろいろな味を楽しめるよう、一口サイズで食べやすく調整しています。実は、私にとってアフタヌーンティーの提供は新しい挑戦だったので、最初はサイズ感に苦労しました。単にケーキをそのまま小さくすればいいわけではなく、バランスの取れた味わいにするために試行錯誤しました。また、全体の調和を考えることも重要です。難しさはありますが、旬の素材と向き合いながら、レシピを考えるのはとても楽しいです。

——レストランとはまた異なる空間で、アフタヌーンティーをどのように楽しんでほしいですか？

中澤　季節ごとに変わる食材は、その時期にしか味わえないものばかりです。旬のフルーツや食材を通じて、その季節ならではの味わいを楽しんでいただければと思います。

皇居外苑を一望できる開放的な店内。心地よい風を感じられるテラス席も併設している。

Afternoon Tea "Terre et Mer"

アフタヌーンティー "テール エ メール" Afternoon Tea "Terre et Mer"

春のメニュー：～5月31日（土）
* 1日限定10食
* 前日の 5:00 pm までの事前予約制

〈上段〉 ・ピッツァ スライダー４種

〈中段〉 ・季節野菜と季節野菜のソース

〈下段〉
・ピスタチオと苺のフレジエ
・コンヴェルサシオン
・チョコレートとコーヒーのルリジューズ※
・ルバーブジャムのサブレ
・パッションフルーツのレアチーズケーキ

〈デザート〉
・柑橘のデザート
・オレンジのパウンドケーキ※

〈パン〉
・パンオゾリーブ
・季節野菜のクリーム

※ル・ショコラ・アラン・デュカスのチョコレートを使用

Desserts at Esterre by Alain Ducasse

アフタヌーンティーの楽しみのひとつであるスイーツを手がける、中澤シェフによる美しく個性的なデザートの数々。クリスマスや季節ごとのスペシャルデザートなどにも注目です！

「ビュッシュ ド ノエル ヴァニラとシトロンノワール そばの実の香り」ヴァニラのムース、レモンクリーム、そばの実、韃靼そばのプラリネが入った生地をチョコレートでコーティング。（2024年 クリスマスケーキ）

「苺とカルダモン クレームディプロマット 苺のグラニテ」
苺の甘酸っぱさとカルダモンの香りが調和。クレームディプロマットの濃厚な味わいとグラニテの爽やかな口溶けが食後の余韻を豊かに彩る。（2024年12月～2025年4月）

好きの反対は嫌い？
遠い様で近いインド

文・写真　Noire

インド滞在時、昼夜問わず何かにつけてエナジードリンクの様にこのチャイを嗜んでいたのだが、本場のチャイは灼熱の炎天下など忘れさせてしまう程にとにかくめちゃくちゃにＨＯＴである。

なみなみと注いでもらったカップなんて、熱さのあまり触る場所がないなんてこともまさに日常〝茶〟飯事。しかしながらチャイを注いでくれる方々はいつも何食わぬ顔である☕私よりそもそもの守備力が高いのか、それとも火への耐性が（略）。

しかし、この過激なまでに熱々のチャイも、夏場の氷柱が出て来そうな激寒エアコン設定（17℃固定が多い）同様に彼等なりのおもてなしの１つなのかもしれない。過ぎたるは及ばざるが如しとは言うが、インドにおいてはどれだけ〝過ぎてるか〟がおもてなしだという事も割と多い。この辺り、まさに文化の違いなのだろう。

さて、肝心のそのお味と言えば各種スパイスが利き、濃厚で五臓六腑に染み渡る脳天直撃型の旨さなのである。そして、やはりマサラが利いているからなのか、カレー同様に何故かハマる味をしている。

熱過ぎるチャイ。

こうなってくると最早某シアトル発祥のス○バで提供されているものなんて、何か別種のパロディの様に感じられてくる。

しかし、日本でレシピ通りに作ってもいつも何か物足りなく感じてしまうのは、何よりも大切なあのスパイスが欠けているからだろう……そう、あのインドの鬱陶しい程に蒸し暑い気候！（半分本気）。

インドに限らずではあるが1年を通して極端に暑い、あるいはその逆で寒い国の人々は、これまた極端に（塩）辛かったり、甘いものを好んだりする傾向にある。インドのお菓子グラブジャムン（※ドーナツのシロップ漬け）は世界一甘いお菓子の称号をほしいままにし、今やスウェーデン代表シュールストレミング（世界一臭い食べ物）と双璧をなす存在として、古《いにしえ》の時代よりYouTuber達の格好のおもちゃとなってしまっている。

何故、彼等はドーナツをシロップ漬けにしたのか、我等探検隊はその謎を解明すべくアジャンター石窟へ調査班を（以下省略）。

極端な甘さ、はたまた（塩）辛さというものは過酷な環境下の中で失うカロリーを摂取する目的の他、彼等の日々のストレスを解消させるという側面も大いにあるのであろう。

さて、突然だが、インドを訪れた者たちの人生はその後2つにはっきりと分かれるという話が旅人達の間で流布しているのだが、ご存知だろうか？

インドを訪れた人々がその後、インドを〝大好き〟になるか〝大嫌い〟になるか、必ずそのどちらかになるという。しかしながら、私の場合は珍しくその中間を自称している。何も特別な事ではなく、好きもあれば嫌いもあるだけの事である。

過去、インド現地法人の責任者を任されるなど、何かと私個人はインドと

世界一甘いお菓子。

チャイのスパイス一式。

は縁深いが、ぶっちゃけ何から何まで180度違う。時折360度異なるが故に何だ詰まるところ同じじゃないかと感じる事すらある。

　そんな彼等と共に切磋琢磨し、そして清濁併せ呑む事で、現在の様な、斜に、いや、中立的な立場が取れる様になったのであろう。

　マサラが利いた現地の数々の料理（我等は単純にこれらを一括りに〝カレー〟と呼ぶ）やその他彼等の文化から窺い知れる事として、彼等は基本的に引くくらいなら足す、これでもかと足す、まだまだ足す。過ぎたるは及びまくっているのである。流石は数学において0（ゼロ）を産み出した国である。足し算が好みなのである。

　それに対して、我が国日本においては〝つまらないものですが〟の枕詞と共に（決してつまらなくはない）お土産を渡す行為に代表される様に、控えめ〟引き算の美徳がDNAレベルで沁みついている。そう、日本はどちらかと言えば引き算の美学である。

　私個人、海外諸各国とは何かしらの形で付き合う経験を自分なりに沢山してきたつもりではあるが、客観的に見た日本人は良くも悪くもいつもどこか一歩引いている様に見えてしまう。沈黙は金、雄弁は銀とは言うが、昨今はグローバル化の波なのか、黙ったままでは何も得られない事の方が増えて来ている様にも感じられる。

　正しい、正しくないはこの際置いておいて、日本人と比べ、インド人は皆それぞれが雄弁であり、自信を持っている。

　そして彼等の特筆すべき点は、皆、驚く程に自己肯定感が高いのである。写真は撮るのも撮られるのも大好き、カメラを向ければ一流スターの様なポーズを決めてくれる人も多いだろう。

　今や発言自体がタブー視されてしまっているが、現地には未だにカースト制度（の名残）による職業選択の不自由、貧富の差がある。生まれたその瞬間に人生が決まってしまうかの様な抜け出せない連鎖、それらが人々にもたらす精神的な負の影響は本来計り知れないものだろう。

　そういった背景からか、彼等は幼少期からそれぞれが〝特別〟であるという教育を受ける。皆が№1でOnly oneであるという教育を両親から受けるのである。子は親から全肯定されて育つ。

　日本では他人に迷惑をかける事を禁忌とするが、あちらでは皆が困った時はお互いさまの精神で他人に迷惑をかけてしまうことなど当然だと思っている。このため助けを乞うという行為の心理的なハードルが低く、割と無茶苦

賑やか過ぎるホテルの隣の部屋。

Noire
のわーる

英国を拠点にヨーロッパ統一を目論む謎の美少女（18歳）という些か無理のある設定でSNSを中心に活動。その全てを一刀両断せんとする英国王室直系の毒舌振りには根強いファンがいる。また、旅行、食事、お酒、映画、音楽、アンティーク家具、食器、美術品、時計、テディベア集めと、運動以外の趣味は大体網羅している。

茶なお願いをされる事も多々あるが、彼等も実のところもしOKだったらラッキーくらいの感覚で聞いてくるので、大袈裟な場合はこちらも話半分以下で聞く事も大切だったりする。

この辺り、フランス人の同僚も自国の教育に関して似たような事を言っていた。友達100人出来るかどうかよりもたとえ友達が0人でも、それは自分自身がスペシャルだという証拠だと誇りに思いなさいという様な教育を受けるのだと。

〝自信〟とは自分を信じると書くがまさにその通りなのだろう。彼らの自信の源泉は単純に自分をどれだけ信じているか、とリンクしている。

私は彼等から沢山の本質を学ばせて貰った。日本に生きる日本人がそのまま流用するには中々厳しい部分も多々ある事は勿論承知であるが、言わずもがな人生のゴールとはより良く生きる事である。

より良く生きるにはまずは己自身を知ることこそが肝要であり、そして余裕が生まれてきたらその方法を身近で大切な人々へと徐々に広げて行く。そしてそこから出来る輪が友人であったり、家族であったりする。

何も他人に迷惑をかける事を気にするなとは言わない。ただ元来、皆特別だという事をお伝えしたかった。世界に1つだけである事を証明する必要などない。人生は楽しむものであり、そしてその楽しみ方は十人十色である。

最後に、本来、好きの反対は無関心である。ここまで読んだ貴方はもうインドに無関心ではいられないのでは？

それでは皆様、良い Tea Time を

cholonの

雑貨めぐりお茶めぐり

チャイの思い出

バンコクのリトルインディアでサモサを食べながら飲んだチャイ。ホーチミンの老舗のインド料理屋さんの食後のチャイ。ヤンゴンではおしゃれなティーハウスやローカルの食堂で。ミャンマーではラペイエという名前で親しまれていて、甘くてほろ苦くて、どこで飲んでも美味しかった。インドには行ったことがないけれど、チャイは大好きでアジアのあちこちで飲んできました。写真を見返していると、お店の雰囲気や出会った人のこと、蒸し暑さなど、チャイとともに過ごした時のことが蘇ってきます。

昔から集めているのがチャイグラス。グリーンがかった色味や気泡が入った素朴さに心惹かれます。こぢんまりと手に収まるサイズも良い。少し歪んでいるのもチャームポイント。チャイを飲むのはも

1　バンコクはチャイナタウンとリトルインディアが隣り合わせ。この後食べた甘いインドのお菓子もスパイスが利いて美味しかった。
2　ヤンゴンのおしゃれなカフェのラペイエ。模様入りのグラスにキュンとします。
3　ヤンゴンのリトルインディアの食堂で飲んだチャイ。ニューデリーレストランという店でした。
4　年季の入った働き者のやかん。こちらは地元の人で賑わうティーハウス。

ちろん、花を飾ったり、いろんな形のグラスを並べたりしているだけでも楽しいのです。

右の写真はインドのチャイ屋さんがチャイを運ぶ時に使うホルダー。グラスを引っ掛けるだけのシンプルなつくりで、たくさん運べて合理的。インドならではのとても素敵な道具だと感心します。8個用や6個用、種類もいろいろあるみたい。いつかインドへ行ったらこのホルダーでお茶を運ぶチャイ屋さんに出会いたいと思っています。

佐々木智子
ささき・ともこ
札幌「庭ビル」内にあるアジアの雑貨とオリジナルの洋服の店「cholon」（チョロン）店主。店名のcholonはベトナムの地名から。ホーチミン市のチャイナタウンの通称で、直訳すると「大きな市場」という意味。

和紅茶

TOKYO TEA BLENDERS

vol.8

文　根岸次郎

写真提供　TOKYO TEA BLENDERS

TOKYO TEA BLENDERS
PROUDLY BLENDED IN JAPAN

「和紅茶を日本の生活文化に。世界へ発信する」を
ビジョンに掲げ、TOKYO TEA BLENDERSを
運営する根岸次郎さん。
和紅茶のサブスクリプション TEA FOLKSを開始。
厳選した和紅茶を茶園のストーリーとともに
お届けしています。

つしま大石農園の茶畑を案内してくださる大石さん。

和紅茶はその名前のとおり、日本国内の生産者さんによって製造された紅茶です。国内の会いに行ける場所に生産者さんがいるということは、和紅茶の大きな魅力のひとつと考えています。その魅力を味わえるのが全国地紅茶サミットという、毎年、全国の生産者さんが持ち回りで開催している和紅茶（地紅茶）のイベントではないかと思います。２０２４年は長崎県の離島「対馬」にあるつしま大石農園が主催者となって、「第22回全国地紅茶サミットｉｎ対馬」が11月に開催される予定でした。地紅茶サミット初の離島での開催でしたが、まさかの季節外れの台風で延期となり２０２５年12月6日・7日に開催される予定となりました。実は筆者は対馬観光を兼ねて延期が確定する前から家族で対馬入りしていたため、延期が決定した際には主催者の大石さんのご自宅に泊めて頂くという大変ありがたい体験もありました。地紅

左／大石農園のべにふうきは島の特性なのか渋みが少なく余韻を残す甘味が人気。
右／大石農園の和紅茶製造工場の様子。大きな萎凋槽が何台も並ぶ。

左／対馬は穴子料理が絶品。その土地の料理を味わうのも地紅茶サミットの醍醐味。
右／対馬北方の韓国展望所からの眺め。携帯電話が韓国の電波を受信するほど釜山が近い！

茶サミットに行けばもちろん生産者さんに会って直接茶葉を購入することもできます。〝毎年、地紅茶サミットに参加する！〟と決めて全国のお茶どころ巡りと観光をセットで楽しむという方が増えてくると和紅茶の新しいムーブメントになるのではないかと期待しています。まずは今年の対馬からいかがでしょうか。

毎年、場所を替えてその土地の生産者さん達が主催する全国地紅茶サミットは、各地でレガシィを残すこともあります。その一例として２０１７年に熊本県水俣市で開催された地紅茶サミットが挙げられます。サミット後も、現地の生産者さん達が協力して毎年秋に「九州和紅茶サミットｉｎ みなまた」を開催し続けており、大変な賑わいをみせています。その主催の一員であるお茶の坂口園はべにふうきをクオリティシーズンごとに「はるべに」「なつべに」「あきべに」「ふ

世界のお茶の品評会 THE LEAFIES で連続受賞したお茶の坂口園。

根岸次郎

ねぎし・じろう

TOKYO TEA BLENDERS合同会社代表。大阪大学哲学科卒業。大手通信会社でニューヨーク駐在中に紅茶の多様性に興味を持つ。帰国後、日本紅茶協会認定ティーインストラクターの資格をとり創業、2021年より和紅茶定期便 TEA FOLKS を開始。

お茶の坂口園の茶畑からは風光明媚な湯の鶴温泉が見渡せます。

ゆべに」の商品名にして、それぞれの季節の特性を生かした茶葉を製造販売しています。大手飲料メーカーの紅茶ドリンクに茶葉が採用されたり、ロンドンで開催される世界のお茶の品評会THE LEAFIESで２０２３年と２０２４年に連続受賞するなど目覚ましい成果を挙げています。水俣に隣接する芦北町はTHE LEAFIESで世界一を獲得したお茶のカジハラの所在地でもあります。このようなイベントが地域の生産者さんの和紅茶への関心を高め、切磋琢磨して和紅茶のクオリティを一層高めているのではないかと思います。全国地紅茶サミットは２０２５年の対馬での開催のあと、２０２６年には静岡県島田市で開催される予定です。主催する生産者さん達が、それぞれの考えで企画するその場所ならではのセミナーにもぜひ注目して頂きたいと思います。

茶畑の一画で景色を眺めながらお茶を楽しめます。

海外での品評会では、しっかりとしたコクが感じられる「なつべに」が高い評価。

WHERE THERE'S TEA THERE'S HOPE.

trip 04　England

写真・文　大段まちこ

British Wild Flower,
Poppy,
Cornflower,
Daisy.

お茶があるところには希望がある。

——イギリスの劇作家、アーサー・ウィング・ピネロの名言。

Your Lovely Eyes.

いつもの朝はコーヒーなのに、
イギリスでは決まってミルクティー。
気分はすっかりブリティッシュ。

今日の私の希望。
ワイルドローズの咲く道をゆっくり散歩して、
お家に帰ってなにもしない。

Tea with milk.

大段まちこ
おおだん・まちこ
フォトグラファー。20代にロンドンの郊外で学生生活を送る。帰国後も仕事やプライベートでイギリスに通い続ける。著書に『かわいいイギリスの雑貨と町』（共著）など。ちいさくてかわいいものを集めたオンラインショップLOLITも運営。大切な日を待つカレンダー「MAKE TODAY YOUR DAY CALENDAR 2025」を発売。
https://lolit.stores.jp/

Waiting for the best Authentic English breakfast.

1 Egg, 2 Sausage, Beans and Toast.

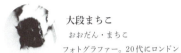

おいしい紅茶のマリアージュ

私のお茶時間

文・写真 板倉直子

～忘れられない味の記憶～

もう20年以上も前に通いつめたカフェが下北沢にあったのだけど、なぜそこに惹かれていたのかというと、看板メニューである「ニース風サラダ」に感動したから。

フランスを代表するサラダ・ニソワーズとは、トマトやインゲン、ジャガイモ、ツナ、アンチョビ、黒オリーブ、ゆで卵などを混ぜ合わせ、オリーブオイルやヴィネガーで作るヴィネグレットソースで味付けしたもの、というのは知っていたけど、特別な興味があるわけでもなく。

でも、そのカフェではそれを目当てにたくさんのお客さんが詰めかけていたのです。ご多分に漏れず私もオーダーしてみたところ、驚いたのはその盛り方の美しさ。レタスの葉の重なりまで計算しているであろう、こんもりとした高さ。野菜一つ一つの絶妙な食感は、きっと秒単位で茹でているのではないかとか。卵はギリギリの半熟加減。添えられているトマトは完熟で濃厚な味わい。主役のツナはお店の手作りなのだろう。それらを爽やかなドレッシングでまとめ

たサラダは量もたっぷり、パンを添えたらランチにちょうどよく、出張で外食が多かった私にはとても健康的な一皿なのでした。

腹八分目だと、そのあとのデザートも罪悪感なく……。

誰でもきっと細部にまでわたって覚えている「忘れられない味」があると思います。

今日のランチは昔の記憶を頼りに、私流ニース風サラダを作ってみました。

サラダは水きりが命。前日のうちに野菜を用意して冷蔵庫で保存。その日にしたことは卵をゆでることだけ。お湯が沸騰したら火を止め蓋をし、待つこと7分で理想的なゆで加減に。エキストラバージンオリーブオイルと白ワインビネガーのドレッシングをかけたら黒コショウをパラリと挽きます。

合わせた紅茶はダージリンのファーストフラッシュを水出しで。食事にもよく合うすっきりとした味わいで、白ワイン

【本】『巴里の空の下オムレツのにおいは流れる』
石井好子／暮しの手帖社

1951年パリでシャンソン歌手としてデビューし、帰国後はエッセイストとしても活躍した石井好子さん。世界各国で出会った数々のおいしい料理のお話は、半世紀たった今でもその情景や香りまで浮かび上がってくるようです。

【音楽】『himorogi』
いろのみ

「季節のさまざまな色の実を鳴らす」をコンセプトに活動する柳平淳哉と磯部優による〈いろのみ〉のアルバム。ピアノと十七絃箏を主軸に、日本の神話や自然とのかかわりを探求した一枚。時間も場所も超越した限りなく美しい音の風景が広がります。

のような見た目に気分が上がります。葉野菜のサラダは、竹のお箸で食べるとより優しい味わいに感じられる気がします。

テーブルの花はアネモネを主に紫色の濃淡で。試験管を繋げたようなツェツェの4月の花器は無造作に挿すだけでリズムのあるあしらいに。

デザートはババロアと苺のゼリーの2層仕立て。こちらも前の日、寝る前に仕込んでおいて、当日の手間を省きます。自分のために準備しておくと、幸せな気分で休日が迎えられるのでおすすめ。

食後に手に取った本は、シャンソン歌手である石井好子さんのおいしい味の記憶を綴った『巴里の空の下オムレツのにおいは流れる』。次の休日はこの本に書いてあるオムレツを作ってみようかなと思いつつページをめくります。

音楽は最近家時間によく聴いている「いろのみ」のアルバム。家事をしているときも読書をしているときも、そっと優しく寄り添ってくれます。

先日訪れた横浜の「Cafe de lento」で、想い出のサラダと再会しました。場所も店名も変わっていましたが、味だけは昔のまま、いや、さらにグレードアップされていたように思います。私の味の記憶もしっかりと更新され、その記憶は深く頭に刻みこまれたのです。

板倉直子
いたくら・なおこ

島根県松江市のセレクトショップ「Daja」ディレクター。仕入れから企画、販売まで、店の運営の全てに携わる。トラディショナルをベースに自分らしい着こなしを提案している。著書に『大人の悩みにこたえるおしゃれ』（扶桑社）、『明日、ちょっといい私に出会えたら』（主婦と生活社）など。

カラフルなアッサムの民族衣装に包まれ、見ていて元気をもらえます。

肥沃な大地アッサム平野

文　Uf-fu 大西泰宏
写真　Uf-fu 井内麻友美

インド北東部に位置し、ブータン、ミャンマー、バングラデシュと隣接するのがアッサム州です。アッサム州は、ヒマラヤ山脈の麓に広がるT字形の広大な平野で、州内にはチベットを源流とし、アッサム州を横断してバングラデシュでガンジス川と合流し、最終的にベンガル湾へと注ぐ大河ブラマプトラ川が流れています。

アッサム地方の気候は高温多湿で、特にモンスーンが訪れる6月からの雨季には大量の雨が降ります。時にはブラマプトラ川が増水し、氾濫を引き起こすこともあり、場所によっては茶園が水没するほどです。

この豊富な雨と肥沃な大地に恵まれたアッサム地方では稲作が盛んで、インド有数の穀倉地帯となっています。また、インド最大の紅茶産地でもあり、登録されているだけで850もの茶園が稼働し、年間約65万トンもの紅茶が生産されています。

インド全体の紅茶生産量は年間約100万トン、ダージリンは約1万トンとされており、アッサム州が紅茶の主要な生産地であることが分かります。アッサム州で作られる紅茶はアッサムティーと呼ばれ、インド国内はもちろん、日本をはじめ世界中で楽しまれています。

アッサム地方では2種類の製茶工程があり、オーソドックス製法とCTC製法（アンオーソドックス製法）と呼

笑顔が素敵なアッサムのティープラッカーのみなさん。

ばれています。

オーソドックス製法は、ダージリンでも採用されている中国伝来の製茶技術を機械化した、伝統的な製茶方法です。一方、CTC製法は特殊な機械を用いて、茶葉をC（Crush：押しつぶす）、T（Tear：引き裂く）、C（Curl：丸める）という工程で加工し、コロコロとした丸い形状に仕上げる製法です。

CTC製法はオーソドックス製法に比べて製茶時間が短縮できるうえ、茶の軸まで一緒に加工することで生産性が向上し、コストを抑えられるため、比較的安価で取引されています。

世界の紅茶の3分の2以上がCTC製法で作られており、主にティーバッグに使用されています。アッサムでは、

大西泰宏
おおにし・やすひろ
2002年より紅茶輸入販売業 Uf-fu 代表。お茶の産地を訪問することと、産地より直接届くサンプルの中から自分の好きなお茶を探し出すことが私の喜び。また世界中の茶畑を巡ることが生涯の目標でもある。

その割合が85%以上にのぼると言われています。

かつてCTC製法の紅茶は、安価で抽出しやすいことから、インド国内ではチャイ（煮出しミルクティー）やティーバッグ用のお茶として流通していました。しかし近年、CTC製法の紅茶の品質がどんどん向上し、その価値が見直されています。

私がアッサムで最も好みの〝マンガラム茶園〟では、高品質の紅茶を作るために最も大切なことである「良質な原料（生葉）を使うこと」が徹底されていました。

良質なCTCを作るための優良品種を、適切な時期にティープラッカー（茶摘みをする主に女性）が、丁寧に柔らかい茶葉の一芯二葉（もしくは三葉）だけを手摘みすることにより、その後製茶する際に茶葉へ余計な負荷をかけないため、香りが損なわれることなく、良質なアッサムティーが産出されるようになりました。

ここで出会った茶園の人たちは、皆穏やかで優しい笑顔の人ばかりでした。

マネージャーを始め、ファクトリーマネージャー、その下で働く製茶工場の人たち、そしてティープラッカーの女性たち。

また会いに行きたくなるような思い出ばかり。

私はいつも産地で出会った人たちやその情景を思い浮かべながら、お茶を楽しんでいます。この想いが、少しでもみなさんに伝われば嬉しいです。

どうぞ素敵なお茶の時間をお過ごしください。

chalo india

文　水野仁輔
解説　東京スパイス番長

チャローとはヒンディー語で「さあ、行こう！」の意。

インド料理に魅せられた男４人組の料理集団、
「東京スパイス番長」による旅の記録です。

水野仁輔
みずの・じんすけ

AIR SPICE代表。1999年以来、カレー専門の出張料理人として全国各地で活動。カレーに関する著書は70冊以上。世界を旅するフィールドワークを通じて、「カレーとはなにか？」を探求し続けている。「カレーの学校」の校長を務め、本格カレーのレシピつきスパイスセットを定期頒布するサービス「AIR SPICE」を運営中。
http://www.airspice.jp/

2015 茶摘み編

ティーリーフ・パコラッ！

ランチは紅茶王の旧邸宅でとることになっていた。ギダパハール茶園から少し車で山を登ったところ、おそらくこの辺りで最も見晴らしのいい場所に大邸宅がそびえたっている。ここは、かつて、ジュンパナ茶園をはじめ、この辺り一帯の有名茶園を複数所有していたオーナーの豪邸である。いまは別のオーナーがホテル兼レストランとして運営している。

ローチャンが今の家主をよく知っているらしく、歓待を受けた。邸宅の中へ入っていくと最も見晴らしのいい場所に中庭がある。きれいに刈り取られた芝生の上を歩き、景色を眺めたシャンカールと僕は、歓声を上げずにはいられなかった。

僕らはその中庭に面したダイニングルームの大きなテーブルについた。いくつかの料理が次々と運ばれてくる。その中に僕らの目をくぎ付けにする一品があった。茶葉のパコラ（天ぷら）である。日本でいえば、シソの天ぷらのようなものだろうか。すべての料理が運ばれて準備が整ったら、真っ先にあのパコラを食べてみたい。

パコラはインド風の天ぷら。ひよこ豆の粉を衣にして茶葉を揚げる。パリッとしてうまい。

オアズケをくらった犬のように静かになる僕らの横で、ローチャンは全く別の行動に出た。その魅力的な茶葉料理を目にした瞬間、素っ頓狂な叫び声をあげたのだ。

「オー！　ティーリーフ・パコラッ！！」

僕らが驚いてローチャンの顔を見たとき、すでに彼はそのうちのひとつを指でつまみ、パクッと食べていた。これには唖然とした。テーブルサービスはまだこれからだというのに……。

「お腹が空きすぎて我慢できなかったよ」

丸々とした巨体を揺らしながらお茶目に笑うローチャンを見て、僕も一緒に笑った。

食後にすぐ隣りの工場でまた紅茶のテイスティングができるという。「GOOMTEE TEA ESTATE」と看板がある。中に入ると工場長のほかに数人の男性が待ち構えていた。インドの新聞「India Today」の取材陣で、日本から来た僕たちを取材に来たらしい。ローチャンが「チャロー」を片手に僕たちのことを説明してくれた。カメラマンが僕たちをパチパチと撮り始める。明日の記事にでも載るのだろう。

そういえば、東京スパイス番長は毎年のようにインドのメディアから取材を受けるが、掲載記事を目にしたことは一度もない。メンバーがみなそれほど興味を持たないわけだから、仕方がない。今回でいえば、僕らの興味の対象は目

鼻から入る香りと抜ける香りがどちらも豊かで思わず目を閉じる。これが、ダージリンティーかぁ、とため息。

の前にある試飲用の紅茶たちである。これでもう三度目の試飲だから、慣れた手つきでズルズルとやる。うまかったのは、Fine Tippy Golden FOPだった。

ダージリンティーのお勉強

ダージリンティーはかなり細かく分類されているが、これらは茶葉の外見上の分類で、風味の優劣を示すものではない。

FOP　フラワリー・オレンジ・ペコー
GFOP　ゴールデン・フラワリー・オレンジ・ペコー
TGFOP　ティッピー・ゴールデン・フラワリー・オレンジ・ペコー
FTGFOP　ファイン・ティッピー・ゴールデン・フラワリー・オレンジ・ペコー
STGFOP　スペシャル・ティッピー・ゴールデン・フラワリー・オレンジ・ペコー
SFTGFOP　スペシャル・ファイン・ティッピー・ゴールデン・フラワリー・オレンジ・ペコー

国が認証している呼称もあるみたいだが、自分たちがおいしいと思うものが一番正しい。この試飲では少なくとも僕はFTGFOPの風味が一番好きだった。なんかの暗号みたいだ。

なんとも贅沢なティーテイスティング。茶葉と湯の量、抽出時間を指定して比較すると違いが分かりやすい。

そういえば、今年のインド旅は、胃が軽い。あまりまともに食事をしていないのだ。旅のテーマが紅茶だからなのかもしれない。乳製品をテーマに乳しぼりした年はレストランに入る度にメニューとにらめっこして乳製品が使われた料理を片っ端から頼んだ。ベンガル料理をテーマに魚釣りしたときは、ベンガル料理店を何軒もはしごしたし、稲刈りに行った年はビリヤニをお腹が破裂しそうになるまで食べ続けた。

今年は紅茶がテーマだが、基本的にインド人はストレートティーをあまり飲まないから、レストランのメニューを見たところで、心は躍らない。適当なものを食べて最後にチャイを頼むくらいのことだ。

チャイ用に作られているCTCは、クラッシュ（Crush）、ティアー（Tear）、カール（Curl）の略である。要するに茶葉をつぶして引き裂いて、丸めて作られる。語弊があるかもしれないが、一般的に質のいい肉をミンチにしたりしないのと同じで、ダージリンのいい茶葉はCTC製法でチャイ用に仕上げたりすることはあり得ない。逆に言えば、チャイとは、味の悪い茶葉をなんとかおいしく飲むために編み出された製法なのかもしれない。

もうひとつ、食事に夢中にならない理由がある。それは、日中、紅茶を試飲しまくるおかげで、お腹が常にいっぱいなのだ。今日だけでどれだけの紅茶を飲んだことだろう。もちろん、まるまる一杯を飲むわけではない。ティースプーン（というより、テーブルスプーン）ですくいながらズルズルとやるわけだけど、それでもおいしい紅茶に出会うと何度も味を確認したくなる。結果的に

ダージリンの商店街。陽が落ちてもつまみが買えていい。
ホテルの屋上で夜遅くまで談笑した。

は数人でティーカップが空になるまで飲んでしまうこともある。

ダージリンの夜

レストランからテラスに出た。ホテルの左右にある宿泊棟を結ぶこのルーフトップバルコニーは適度に広く、屋外用のテーブルとイスが設置されていて、気持ちよく飲めそうだ。他に客は一人もいない。一番景色のよさそうな場所にグラスとウィスキーのボトルを置いて、飲みなおすことにした。辺りは真っ暗で遠くに建物の光がパラパラと見える。神戸や函館の夜景をすごくまばらにしたような感じだが、百万ドルの明かりよりも美しく僕の目には映った。

話すには少し暗いから、レストランからろうそくを借りて、いくつか灯す。それだけで東京の中途半端なバーよりずっと素敵な空間になった。ウィスキーボトルのラベルには、「BLENDERS PRIDE」とある。SEAGRAM社が一九九五年に発売したインディアンウィスキーだ。つまみに頼んだのは、アルーバジャ。ポテトフライである。かなり細切りのポテトがからっと揚がっていて、チャットマサラが振りかけてあった。パラパラしたそのポテトの感触は、まるで機械で乾燥させた茶葉のようだ。

ダージリンの夜は、割と肌寒い。一年でインドが一番暑くなる五月と言えど

町中には紅茶専門店もあるが、高価なため、一般人は安価なチャイを飲むことが圧倒的に多い印象。

も、ウィンドブレーカーくらいは羽織っておかないと過ごせない。零時を越えても真っ暗になることはなく、周囲はまだぼんやりと弱々しくほの明るい光に包まれている。少し離れた街灯の強い光に虫は集まっているけれど、蚊はいない。車の走る音もなければ、人の気配もない。インド特有の説明のつかない匂いもここには存在しないのだ。人々は寝静まり、ダージリンの山々も、朝日を浴びるまでの時間をおとなしく待っているようだった。

しきりにしゃべる僕の声とシャンカールの相づちが夜の帳に吸い込まれていく。二人で盛り上がった話題もある。オリジナルブレンドティーの商品開発について、である。名前はもう決めていた。「PROGRESSIVE DARJEELING TEA」。特別な意味はない。行きのトランジットでバンコクの町に出た時に、何かの看板に書いてあった「PROGRESSIVE」という文字に僕らは反応して、なんとなくいいなと思った程度のことである。

何と何をブレンドしようか。ダージリンティーというのは、世界の茶葉の生産量のたった一〜二%しかないと言われている。その割には世界中に「DARJEELING」の文字は溢れている。それだけまがい物が横行しているのだ。僕らはちゃんと一〇〇%ダージリンのブレンドティーを作りたい。

ロゴマークにはラソラソの鳥を採用することとしよう。商品ができたら発売を記念して、東京でイベントでもやろうか。会場はどこにする？　百人くらいの規模かな。じゃ、紅茶は結構大量に仕入れて帰らなきゃいけないね。イベントに来てもらったらダージリンについて話をしながら、僕たちのカレーを食べてもらおうよ。ダージリンティーで煮込んだカレーをね。

話は盛り上がったが、たいして本気ではない。酒を飲みながらの話はたいていこんなもんである。気がつけば深夜の二時を過ぎている。インドでこんなに夜更かしをしたのも珍しいかもしれない。ほろ酔い加減で部屋に戻り、適当にシャワーを浴びた。シングルベッドの上にゴロンとなって目を閉じると、いつの間にか眠りについていた。

一時間ほど経っただろうか、バラバラバラ、という音で目が覚めた。部屋は真っ暗だ。朝日が入ったらすぐに起きられるように、とカーテンを開けておいた窓からピカピカピカと刺すような強い光が見える。何度か続いた。そのたびに暗い部屋が照らし出される。はじめのうちは何が起きているのかわからなかったが、やがてそれが雷だと確信した。バラバラの音は雨音だ。トップフロアの部屋だから、屋根に当たる雨が大きな音で鳴り続ける。

僕は昼に聞いた話を思い出した。「ダージリン」の名前の由来は、落雷だそうだ。「ダージ」が雷（サンダー）、「リン」が落ちる（ボルト）。昔からこの地域は雷が多いと言う。あの雷が落ちたら茶畑はどうなるんだろう。一人、部屋で目を閉じて考えた。

初出『ＣＨＡＬＯ ＩＮＤＩＡ ２０１５ 茶摘み編』を改変

紅茶でおもてなし『ビートンの家政本』1

『ビートンの家政本』とは

文 立川 碧

19世紀イギリスで大ベストセラーとなった『ビートンの家政本』。料理や掃除、育児、マナー、使用人の管理など、家庭運営の知識を網羅した一冊です。「紅茶のいれ方」は、ゴールデンルールの基になったと言われています。イギリスを代表する家政書を3回にわたりご紹介します。

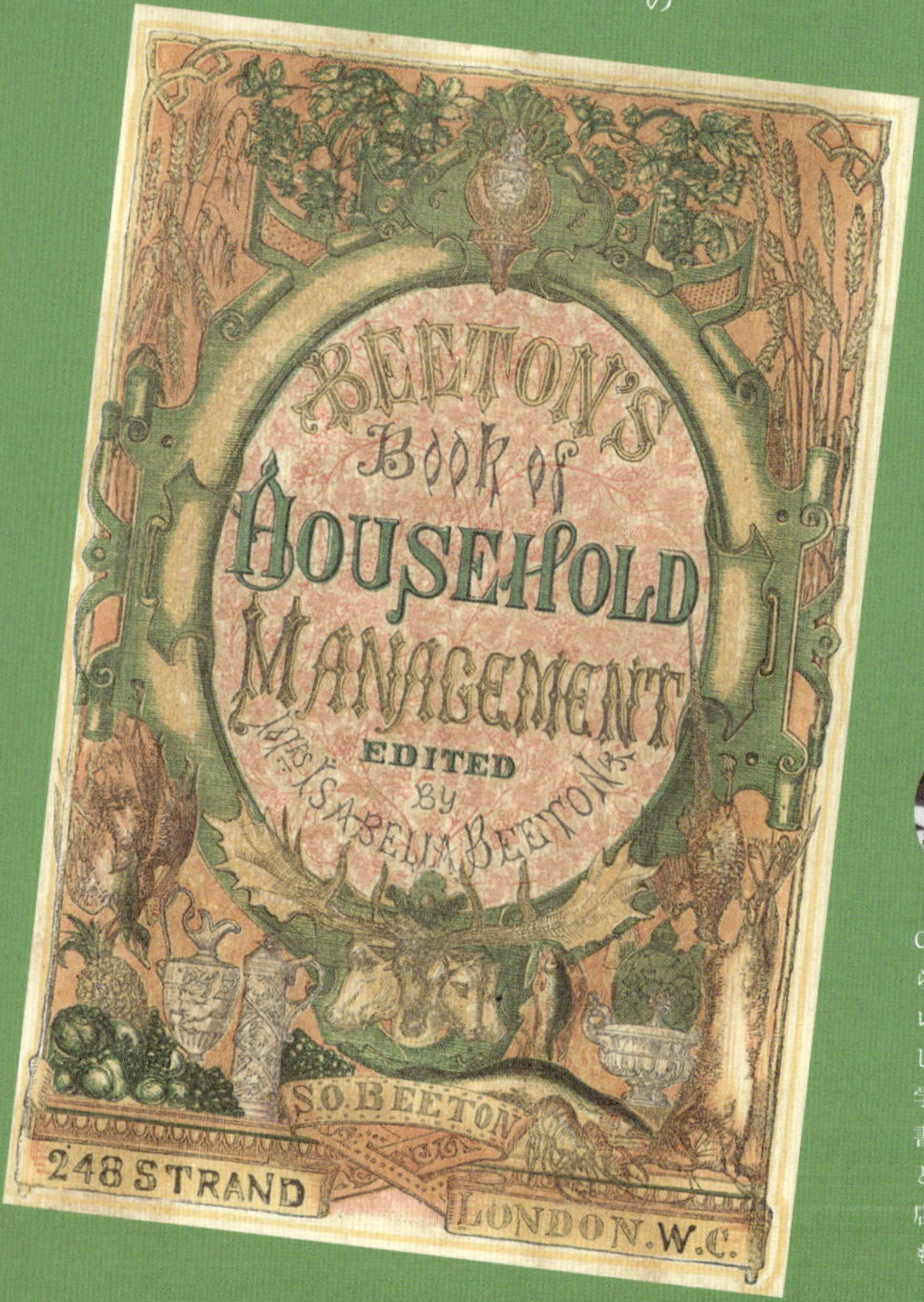

『ビートンの家政本（ビートンズ・ブック・オブ・ハウスホールド・マネジメント）』一八六一年の初版本の中表紙。初版本は数も少なく希少価値の高い一冊です。

立川 碧
たちかわ・みどり

Cha Tea 紅茶教室代表。JR日暮里駅からほど近い英国輸入住宅で行う紅茶レッスンでは、飲むだけでなく文化としての紅茶、陶磁器の知識も専門的に学べます。2021年10月に10冊目の著書『お家で楽しむアフタヌーンティー ときめきの英国紅茶時間』（共著）出版。店舗「CHA TEA」で紅茶と英国菓子も販売。

『ビートンの家政本』編集者
イザベラ・メアリー・ビートン

大英帝国の絶頂期の英国で、大ベストセラーになった一冊の本があります。一八六一年に刊行された中産階級の主婦を対象にした『ビートンの家政本（ビートンズ・ブック・オブ・ハウスホールド・マネジメント）』です。この本は出版されてからわずか一年の間に六万部を売り上げ、その後二〇年の間に二〇〇万部が刷られ、英国人の家庭生活の教本となりました。家政本のなかには紅茶のいれ方や、ティーフードのレシピも掲載され、家庭での紅茶の普及にも貢献しました。

イザベラ・メアリー・ビートンの写真。

『ビートンの家政本』の編集を担当したイザベラ・メアリー・ビートンは、一八三六年、ロンドンのメリルボーンにメイソン家の長女として生まれました。父親のベンジャミン・メイソンは下位中産階級に属するリネン商でした。イザベラが四歳の時、父が死亡。未亡人となった母エリザベスは生活に困り、二年後に夫の同窓生であり、やはり伴侶を亡くしたばかりであったヘンリー・ドーリングと再婚します。ドーリング家は競馬場のレース情報を記載した「レース・カード」の印刷で成功した裕福な家庭で、エプソム競馬場の大株主でした。再婚した両者にはそれぞれに四人ずつ子どもがおり、その後生まれた子どもたちも含めるとイザベラは二一人の兄弟姉妹の長女となりました。

女性が高等教育を受けることに対して否定的な世論も多かったヴィクトリア朝でしたが、義父ヘンリーは、利発なイザベラがお気に入りで、彼女をロンドンおよびド

サミュエル・オーチャート・ビートンの写真。

一八四〇年に結婚したヴィクトリア女王夫妻のウェディングの肖像画。

イツの寄宿舎学校に入学させ、ドイツ語、フランス語、料理やピアノなど教育を受けさせ、社交の際のパートナーとして連れ歩いたそうです。

一八五五年、一九歳のイザベラは母の古い知り合いであるビートン家の息子サミュエル・オーチャート・ビートンと出逢い、恋に落ちます。ヴィクトリア朝の平均結婚年齢は男女ともに二五歳前後でしたが、社交界デビューが一六～一八歳である上流階級、上位中産階級の子女たちは二〇歳前に良い相手を見つけて婚約することが理想とされていました。そして、子どもの結婚相手は父親が見繕うことが普通でした。

義父のヘンリーはサミュエルの実家が居酒屋経営をしていたことなど身分違いを理由に二人の結婚に反対の立場を示します。しかしイザベラは義父の反対に屈せず、サミュエルと文通で愛を育みます。最終的には義父ヘンリーも二人の結婚を認め、一八五六年に二人は結婚。イザベラは同じく恋愛結婚をしたヴィクトリア女王に倣い、白い絹製のウェディングドレスを着用しました。

『ビートンの家政本』の魅力

ビートン家には新婚当時から、料理人、ハウスメイド、キッチンメイド、庭師が一人ずつ雇われており、イザベラの最初の仕事は、使用人に夕食の支度を命じることだったそうです。現在のように家電製品のないヴィクトリア朝時代、使用人抜きで生活することはなかなか困難でした。さらに当時二〇歳のイザベラにとり、女主人として複数の使用人を上手く統率することは簡単ではありませんでした。彼女は当時の心境をこう書いています。

「一家の主婦は、陸軍の司令官と同じ！　料理や掃除を理解した上で使用人に指示を出さなくてはいけないし、ご近所付き合いの仕方や、もてなしのマナーもわかっていなければいけない。子育てはもちろん、夫や子どもが病気にかからないように常に気をかけていなければいけない！』『母親からそういうことを習っている人は問題ないけれど、自分のようにそうでない人もいるはず。家事のマニュアルがアルファベット順に並んだ本があれば、どんなに助かることか！」

家庭の天使と称されたヴィクトリア朝の典型的な専業主婦として新婚生活をスタートさせたイザベラでしたが、悲しいことに、最初の子どもを病で亡くしてしまいます。落ち込む妻の気を紛らわすために、夫サミュエルはビートン社の仕事の手伝いをすすめます。イザベラは主婦業の傍ら、ビートン社の売れ筋だった『英国婦人家庭雑誌』の編集に関わり始めます。フランス文学の翻訳や、料理と家政に関する記事などで、結婚前の高等教育が役に立ちました。やがて彼女は編集作業にのめり込むようになり、子育てと両立しながらフルタイムに近い形で出版に関わるようになります。そして『英国婦人家庭雑誌』の内容を基礎とした『ビートンの家政本』を完成させたのです。

一八六四年にまとめられた『英国婦人家庭雑誌』の表紙。

『ビートンの家政本』が他の家政本に比べ、なぜ多くの中産階級の女性に支持されたのかをみていきましょう。

特記すべきは「レシピの数の多さ」です。レシピ数は一八〇〇にものぼりました。しかし膨大なレシピのうち、イザベラ本人が提案したレシピは一〇もありませんでした。彼女の役割は、『英国婦人家庭雑誌』に投稿されたレシピを、自宅の台所で料理人やメイドたちと協力し合い、試作、試食して、手順の見直し、分量計算をし、その結果を編集することでした。

『ビートンの家政本』一八六一年版の挿絵。中央はクリスマスに食べるクリスマスプディング。

月替わりのもてなし料理の「献立の組み立て」も評価されました。現在でも献立の組み合わせは主婦にとって悩みどころです。ついつい同じ組み合わせになってしまったり、選んだ献立が同時進行で作るには難しかったり。初心者の立場を重視したイザベラの家政本には、献立の構成が六人、一〇人など、人数に合わせた例が掲載されました。

さらに「食材の分量や調理時間、費用の目安が明記」されていたことも特徴でした。それまで料理は家庭内での伝承と捉えられていたため、料理本には材料の分量は書かれていませんでした。また掲載された料理は食事の始まる前に作り置きできるものが多く、客人が来てから調理する料理がほとんどないのも特徴でした。使用人が少なくても、一家の主婦はホステス役としてテーブルに優雅に座っていられるように配慮がされていたのです。

「使用人の雇い方や指導方法」が細かく記載された点も魅力でした。使用人の出身階級は雇い主側よりも下の階級です。そのため、雇い主の求める料理は見たことも食べた事もないのが当たり前ですが、経験不足のメイドでも主婦が監督、適確な指示をすることで働きをよくすることが出来たのです。イザベラは、下層中産階級の出身

『ビートンの家政本』一八八八年版の挿絵。右下は『ピーターラビットシリーズ』にも登場するローリー・ポーリー・ジャム・プディング。

LEMON CAKE.

1764. INGREDIENTS.—10 eggs, 3 tablespoonfuls of orange-flower water, ¾ lb. of pounded loaf sugar, 1 lemon, ¾ lb. of flour.

Mode.—Separate the whites from the yolks of the eggs; whisk the former to a stiff froth; add the orange-flower water, the sugar, grated lemon-rind, and mix these ingredients well together. Then beat the yolks of the eggs, and add them, with the lemon-juice, to the whites, &c.; dredge in the flour gradually; keep beating the mixture well; put it into a buttered mould, and bake the cake about an hour, or rather longer. The addition of a little butter, beaten to a cream, we think, would improve this cake.

CAKE-MOULD.

Time.—About 1 hour. *Average cost,* 1s. 4*d.*

Seasonable at any time.

『ビートンの家政本』一八六一年版のレモンケーキのレシピ。今のレシピに比べるとかなり大ざっぱな内容ですが、当時にしては詳細に記載されています。

1370 *Bills of Fare.*

3097.—DINNERS FOR SIX PERSONS.—MARCH.

I. **Menu.** (*English.*)	Recipe No.	Quan-tity.	Aver'ge. Cost.	**Menu.** (*French*)
			s. d.	
Oxtail Soup.	366	2½ pts.	2 6	Potage de Queue de Bœuf.
Soles with Cream Sauce.	556	1 pair	3 0	Soles à la Crême.
Whitebait.	583	2 pts.	4 0	Blanchailles.
Rissolettes of Hare.	1425	6	2 0	Rissolettes de Levraut.
Saddle of Mutton.	1107	1 joint	8 0	Selle de Mouton.
Ducklings.	1291	2 birds	6 0	Canetons.
Maraschino Jelly.	2006	1 mld.	2 6	Gelée au Marasquin.
Iced Pudding.	1788	1	5 0	Pouding Glacée.
Vegetables with joint } *Potatoes.*	1602	2 lbs.	0 2	*Légumes* { *Pommes de Terre.*
Spinach.	1630	2 lbs.	0 6	*Epinards.*
			1 13 8	

『ビートンの家政本』一八八八年版の三月の六人分のディナーの献立。レシピの番号、費用の目安も書かれています。

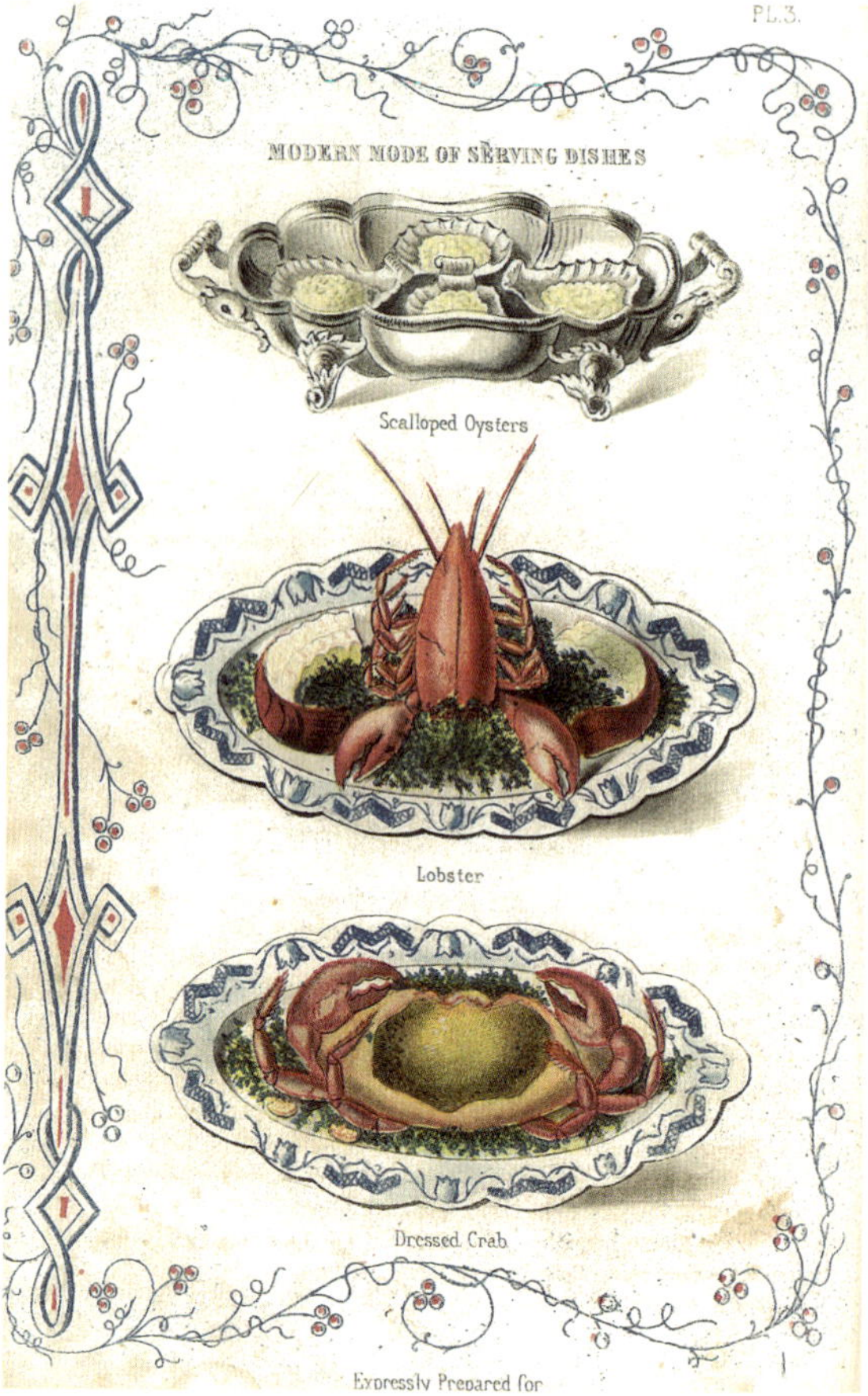

『ビートンの家政本』一八八八年版の挿絵。盛りつけも参考になる。

で、母の再婚により上位中産階級の生活を体験、そして結婚により中位中産階級の女主人の座に落ち着きました。彼女の幅広い階級での経験も、ビートンの家政本にはふんだんに活かされており読者の心を掴んだのでしょう。

家政本には、こんな文章があります。「今や男性は、家の外のクラブや、居心地のよい居酒屋や食堂などで過ごす時間が多くなっています。こうした魅力的な場所と張り合うには、主婦は料理の作り方に精通し、快適な家庭を作り維持するための技術に精通している必要があるのです」。現代と同じように、外の世界には誘惑がたくさんあります。「大人の男性だけでなく、若い人たちも常に外に刺激を求めがちです。自分の子どもたちには世界で一番楽しいところは家庭だということを認識させること、子どもたちが家庭をそのように思う心こそ、親が子どもに与えられる最良の贈り物の一つです」。ヴィクトリア朝の主婦が手本とした、このような考え方は現代にも通じる家庭の理想ではないでしょうか。

家政本では主婦の立場について「一家の女主人の役割は、世間で考えられているより、ずっと重要な位置で、社会的にも認められるべきである」と、その地位向上を求める記述があります。ヴィクトリア朝と現代……時を経ても、家庭の主婦の仕事に対する評価の難しさ、ジレンマは変わらないのかもしれません。

今も愛される『ビートンの家政本』

一八六五年イザベラは、四男誕生の際に、産褥熱《さんじょくねつ》のため二八歳の若さでこの世を去ります。そしてその一年後、ビートン社は取引先銀行の倒産に巻き込まれ倒産してしまいます。そのため『ビートンの家政本』の版権はライバル会社に売却されてしまいました。

しかしその後も『ビートンの家政本』は、時代の変化に合わせて何度も改訂が重ねられていきました。ページ数や挿絵も変わり、本そのものの大きさも変化しました。一九六〇年版では、古い英語の語句は現代用語に置き換えられ、調理道具やレシピの対応人数も修正され、初版内容はほぼ消滅してしまいました。しかし英国の本屋に行けば、現在でもレシピコーナーには必ずと言っていいほど、この古い家政本がベースになった料理本が複数並んでいますし、古典書としての『ビートンの家政本』に出会うことも出来ます。また、美しい挿絵はそれだけでアンティークプリントの価値を見いだされ、額装をされインテリア用品として販売されていることもあります。

イザベラの亡骸は、南ロンドンのウエスト・ノーウッド墓地に埋葬されています。観光名所がある地域ではないですが、イザベラの生涯に興味を持った方にはぜひ足を運んで欲しい場所です。

次号以降は、家政本に記載された紅茶のもてなしについて紹介しますので、楽しみにしていてください。

ビートン家の墓石。ウエスト・ノーウッド墓地にはビートン小路と名付けられた道があります。

LESSON

1
おいしい紅茶のいれかた

**リーフティーでもティーバッグでも
いれかたひとつで味も香りもぐんとアップします
まずは基本のおいしいいれかたをマスターしましょう**

ストレートティー（ポット）

用意するもの（3人分）
・茶葉
〈リーフティーの場合〉
大きめの茶葉（OP）
9g（ティースプーン 山盛り3杯）
小さめの茶葉（BOP、CTC）
6～7.5g（ティースプーン 軽く3杯）
〈ティーバッグの場合〉3袋
・熱湯 540～600mL

英国式ゴールデンルール

・できるだけ新鮮で良質な茶葉を使う
・茶葉の分量を正確にはかる
・空気を多く含んだ新鮮な水道水（浄水器を通したもの）を使う
・蓋のついたティーポットにお湯を入れ、温めておく
・ティーポットのお湯を捨て、茶葉を入れ、沸騰したての熱湯を注ぎ、蓋をする
・時間を計ってじっくり蒸らす（紅茶のおいしい成分を出し切る）

MEMO 数杯分をいれる場合は、お茶の濃度が一定になるようにセカンドポットを使うのがおすすめ。

茶葉を計る。

2 くみたての新鮮な水道水を100度まで沸かす。

3 あたためたポットに茶葉を入れる。

完全に沸騰したお湯をポットに注ぐ。

5 蓋をして蒸らし、時間をはかる。

6 ポットの中をスプーンで軽くひとかきして、温めたカップまたはセカンドポットに注ぐ。

ミルクティー

濃い目にいれたストレートティーに、牛乳（常温で、もしくは湯通ししたミルクピッチャーに入れたもの）を注ぐ。量はお好みで。牛乳は高温になると特有の香りが出てしまうため、沸騰するまで温めないのがおいしさのポイント。

ストレートティー
ティーバッグ

あらかじめ温めておいたティーカップに100度に沸騰させたお湯を注ぎ、ティーバッグをそっと入れる。ティーカップの口にお皿などで蓋をして、茶葉のパッケージに表示された時間だけ蒸らす。表示がない場合は２分〜２分半を目安にお好みの濃さで。

アイスティー
水出し

茶葉（リーフタイプ・ティーバッグ等）は「水出しＯＫ」のものを用意する。１リットルのミネラルウォーターに対し10gの茶葉を入れ、冷蔵庫で８〜10時間冷やしたら、茶葉を取り除く。熱を加えていないため傷みやすいので、水道水ではなくミネラルウォーターを使い、一日で飲みきれる量を作るのがおすすめ。

アイスティー
オンザロックス

２倍の濃さのホットティー（茶葉の量はそのままで、お湯の量を半分に）を、グラスなどに入れた氷に直接あたるよう注いで急冷させる。アイスティーは時間がたつとタンニンがカフェインと結合し濁ってくる（クリームダウン）ため、ニルギリ、アールグレイなどのタンニンの少ない紅茶がおすすめ。

イギリスのビクトリア時代（1837年から1901年）にイザベラ・ビートンが出した『ビートンの家政本（Beeton's Book of Household Management)』に「紅茶をおいしくいれるために最も大切にして守らなければならない規則」として紅茶のいれ方が掲載され、世界各地にイギリス紅茶とともに伝わっていきました。これがゴールデンルールの基になったと言われています。

LESSON

2

ダージリンティー

新たな嗜好の広がり

**ダージリンティーはSDGsの光と嗜好の広がりで
新たな成熟期に入ってきたようです。
ダージリンの魅力をミルクティーでも存分に楽しんでみましょう。**

1990年頃、日本のバブル期に三越とハロッズが共同で競り落とした「ダージリン キャッスルトン茶園 夏摘み」は、1缶4万円を超える価格で販売されました。当時私は、三越で英国紅茶を提供するティールームの店長を務めていて、この紅茶を試飲する機会を得たのです。

紅茶は毎日飲んでいましたが、時間は限られ、濃くなった紅茶をミルクでマイルドにし、温度が下がったものをガブガブ飲むのが習慣でした。この特別な紅茶を一口飲んだ瞬間「渋い！」。キリリと引き締まった強い収斂《しゅうれん》作用が印象的で、じっくりと味わうことができませんでした。シングルエステート（単一茶園）のダージリンを体験したのは、この時が初めてだったと思います。その後、チャッツワースを開業し、シングルエステートの紅茶も取り扱うようになり、この「渋み」が紅茶にとって重要であることを学びました。

2000年、キャッスルトン茶園の貴重な紅茶を、200gだけ譲っていただく機会がありました。まさにマスカテルフレーバーを持ち、赤ワインのようなボディを備えた紅茶でした。1ポット2000円もしましたが、予約を開始すると50名様分が瞬く間に完売。1ポット2杯分の紅茶を、苺とクリームのスポンジケーキとともに提供し、最後にはほんの少しポットに残った最も渋みの強いベストドロップにたっぷりのミルクを注ぎました。ダージリンに対する私の説明が熱すぎたのでは、と心配しましたが、みなさま、ベストドロップのミルクティーを心から楽しんでくださったのです。当時、英国紅茶ブランドのダージリンにもミルク向きはありましたが、私にとってこのキャッスルトン茶園の経験が「ダージリ

岸本孝一
きしもと・こういち
1994年、兵庫県・加古川駅前に「紅茶と英国菓子の店 チャッツワース」をオープン。紅茶への熱い想いと丁寧な説明、奥様のはつ江さんが手がける英国菓子が名物となったが、2024年12月に惜しまれつつも閉店。2025年4月より、紅茶や英国菓子の通信販売やイベント出店を行う「紅茶と英国菓子 CHATSWORTH 工房」を新たにスタート。

香り高いダージリン。

ンをミルクティーで楽しむきっかけ」となり、また、紅茶の圧倒的な魅力と感動をお客様と共有できた忘れがたい経験でした。

当時、ダージリンで栽培される茶の木は、中国種だけでなく中国交配種やアッサム交配種などのハイブリッドもあり、一つの茶園内でエリアごとに異なるタイプの茶樹が栽培されていました。また、クローナル種という、挿し木による茶樹への植え替えも進んでいました。その一方、圧倒的なマスカテルフレーバーを持つ紅茶に出会う機会は減ってきたように感じていました。

2000年以前から、化学肥料や除草剤を使用することにより、茶園では地崩れや動植物の生態の変化などさまざまな問題が生じていました。ダージリンのなかでこの問題にいち早く取り組んだのがマカイバリ茶園です。シュタイナー農法を導入し、単なる無農薬栽培にとどまらず、周辺の動植物との共生や、茶園で働く人々の労働・生活環境の改善にも力を入れました。

マカイバリ茶園の紅茶に出会い、茶の木とそれを取り巻く環境から生まれる、柔らかで心地よい余韻や効能を感じるダージリンの魅力にも気づきました。今ではさまざまな茶園でSDGsを意識した多様な取り組みが進められています。

茶は、まさに地球の贈り物です。クローナル種として植えられた木も、今では20～30年が経ち地中深くまで根を張り、多くの栄養分を吸い上げふくよかで魅力的な茶樹へと育っています。同時に、オーソドックスな中国種のマスカテルフレーバーを楽しめる茶葉も存在しています。ここ数年のダージリンは新たな成熟期に入ってきたように感じ、ダージリンの今後がますます楽しみです。

撮影　山田栄

憩いのひととき

爽やかな朝に
午後のティータイムに
おやすみ前のひとときに。

紅茶好きのあの人たちの
珠玉のエッセー、召し上がれ。

国立の街角から

松濤美術館の行列

文・写真　葉田いづみ

1月の終わり、石造りの重厚な建物の周辺には人があふれ、入場口に5、6人の列ができていた。いつも割と閑散としている印象のある場所なので、少し動揺しながら足早にその列に並ぶ。

その日は打合せの後、渋谷の古書店で始まったばかりの友人の個展を見るため原宿駅へ向かった。電車待ちの間にスマホでインスタグラムをチェックすると、美術に詳しい知人が須田悦弘《よしひろ》展のことをストーリーズにアップしている。そうだ、あと2日で終了というのをすっかり忘れていた。友人の個展は幸いにもあと2週間ほど会期を残している。「ごめん来週必ず行くね」と心の中で謝りながら、神泉駅で下車し松濤へと向かう。

松濤美術館で入場待ちをしていると「お支払いは現金かハチペイ（アプリ決済）のみです」の貼り紙が。最近スマホ決済に頼りっぱなしの私の財布に現金はたしか数百円しか入っていない。しかたがない、一旦列を外れて最寄りのコンビニへ急ぎ足で向かう。ＡＴＭで現金をおろし、再び最後尾に並び直す。

中へ入ると、人で賑わいちょっとしたカオス状態だ。コインロッカーにも数人の列が。もこもこ嵩張るコートと大きな荷物をどうしても預けたかったのでここでも並ぶ。すると一番下の段のロッカー内がひとつだけライトアップされ、枯れ枝が置かれているのが目に留まる。間違いなく作家の木彫だ。ウィットの効いたロッカーの使い方にニヤリとする（ちなみに埼玉県立近代美術館には同様の手法で宮島達男の作品が常設展示されているので訪れた際はぜひ見てほしい）。

須田悦弘はモチーフである植物を非常にリアルかつ精巧に木彫で表現する作家だ。それは注視しなければ本物かどうか判断できないほど。展示方法にも特徴があり、ひとつの作品に対して「間」をしっかり取る。床と壁の境目からぽつぽつと顔を出す小さな雑草、天井近い場所からちらりと姿をのぞかせる花。ときには探してもなかなか作品を見つけられないこともある。空間込みでの作品でありインスタレーションっぽい見

こちらは松濤美術館の外のウィンドウにひっそりと設置されていた作品。

せ方が多い。

今回はそういう意味では様子が違っていた。非常に密度が高く、かつわかりやすい展示だった。松濤美術館という場所柄もあるし、最初期の作品から順を追っていろんなものを見せますよ、という趣旨だからというのもあっただろう。

皆さん至るところでスマホのシャッターを切る。作品を撮影するための短い列がそこかしこに生じている。中には床に展示された繊細な作品を20㎝ほどの至近距離から撮っている人もいて、万一そのスマホを落としたらどうするんだろう、とか、そもそも空間・場所ありきなのにそんなに寄らなくても……（余計なお世話）、とかいろいろと気が気じゃない。あまりにも精巧だから近づいてよく見たい、写真に収めたい気持ちにはものすごく共感するのだけれど。

美術館からの帰り道、道端の雑草が気になって仕方がない。もしかしてこれもゲリラ的に設置された作品なんじゃないか。自分の足元がぐらぐらと揺らぎ始める。家に帰り、飾られた一輪のチューリップを見るたび、須田さんの作品を思い出している。

葉田いづみ
はだ・いづみ

グラフィックデザイナー。静岡県出身、東京都在住。2009年より国立に暮らす。ここ数年の趣味は映画館での映画鑑賞。目標は美術館の図録をデザインすること。

2006年に丸亀市猪熊弦一郎現代美術館で開催された須田悦弘展の図録。タイトルは白箔押し、中のページは全て袋とじという凝った装丁は下田理恵さん。写真は作家本人によるもの。ちなみに今回の展示の図録は完売のため残念ながら購入できずでした。

国立ミニ情報

「中国菜 一帆風順《イーファンフンスン》」

閉店したスーパーの二階に覚えにくい名前の中華の名店現る！ ここを紹介しないわけにはいきません。いわゆる町中華ではなくホテルの中華レストランっぽい品のある料理。メインはもちろんのこと、添えられる小鉢がまた絶品でうなります。麺類も充実していて、特に鶏白湯麺のスープを口にしたときは目を見開きました。ここ最近国立でおすすめをたずねられたら、真っ先に名前をあげる店です。席数少なめなので予約がベター。うちでは短く「イーファン」と呼んでいます。

Night Cap Tea Talk

〜眠る前の紅茶のおはなし 18〜

自作のミルクティーボウルにミルクティーを注いで朝のひとときを。ティーバッグ受けは、坂本和歌子さんが作るお花の小皿。

自作のミルクティーボウル

文・写真　甲斐みのり

あるとき中部地方の伝統工芸について綴る連載を持つことになった。伝統工芸と言っても、陶芸、織物、染色、木工、金工、紙漉きなど、種類はさまざまだ。陶芸ひとつ取っても、ろくろ、押型、手びねり、練り込みと、異なる製造工程で、読み手に分かりやすいように言葉で書き分けるのが、それはもう難しい。それぞれの職人に歴史や地域との結びつきを聞いたり、使い心地を書くことならば楽しんでできるが、その連載では実際に自ら手を動かし、オリジナルの作品を完成させる使命があっ

ライフスタイルブランド「POTS」のMILK TEA BAG。左が、金木犀と台湾茶を合わせた優しい味わい「Taiwanese Tea +Osmanthus」。右が、異国のカフェでの美しいひとときをイメージしたスパイシーな「Ginger Cardamom CHAI」。あらかじめティーバッグに、茶葉、ミルク、スパイス、砂糖が入っているので、お湯を注いで蒸らすだけで簡単にお茶の時間を楽しめる。

た。刃物やろくろで事故を起こしては迷惑がかかるし、体験そのものを頭の中で文字に変換させる必要もある。時間が進むにつれ顔つきはどんどん険しくなり、その様子を撮影するカメラマンに笑顔を求められてもうまく笑えない。染色の基礎には化学反応の理解を要し、細かく数字が記された組紐の組み図はまるで図式や楽譜のよう。文化的な趣をたたえた伝統工芸だが、根っからの文系タイプで手先も不器用な私には、毎回困難の繰り返し。それでも、自然の素材を用いてひとつのものを生み出すのに、いかに技術とセンスと知識が求められるか、多様な手仕事の体験を通して、身体じゅうで感じることができたのは何物にも代えがたい。

日本屈指の温泉地・別府の温泉や名建築を紹介する取材の旅に出たときのこと。大分を拠点に活動する陶芸家・坂本和歌子さんから「陶芸教室に参加しませんか」とお誘いいただいた。さんざん自分の不器用さを実感した、かつての伝統工芸の連載

坂本和歌子さんが建築家の夫とともに営む宿泊施設
「HAJIMARI beppu」のラウンジで、陶芸教室を体験。

甲斐みのり
かい・みのり

文筆家。旅、散歩、お菓子、手みやげ、クラシックホテルや建築、雑貨や暮らしなどを主な題材に執筆。近著に『「すきノート」のつくりかた』(PHP研究所)、『旅のたのしみ』(ミルブックス)など。

が頭をよぎったけれど、これは苦手意識を克服するチャンスかもしれないと思い直した。難しいことは考えず、ひたすらに楽しむ。欲しいものを作る。マグカップを提案してくれた和歌子さんに「ミルクティーボウルを作りたい」と希望を伝えた。

マグカップもカフェオレボウルもすでに家にある。そのとき欲しいと思ったのが、ミルクティーを飲むためのまるっこい器。随分前に閉鎖され今はもう存在していないけれど、20年ほど前に入った、ミルクティー色のトロンとなめらかな別府の小さな温泉が思い浮かんだ。湯の成分に泥が混じったその温泉は、カフェオレより少し灰色がかった湯の色合いで、たっぷりのミルクティーに浸かっているような気がしたのだった。

土をこね、棒状に伸ばした粘土を輪っかにして段々に重ねる。表面を指先でならすと、1時間ほどでコロンとまるいボウルができあがった。

その先は和歌子さんが仕上げて、完成後に東京へ送ってくれるという。色を選ぶことができたので、別府の海の色をお願いした。

それからしばらくして、絶妙なタイミングでミルクティーボウルが届いた。同時期に、手間をかけずにミルクティーを淹れられるティーバッグを、贈り物にいただいたのだ。

どこまでも深い濃紺の海の色をたたえたボウルにミルクティーを注ぐ朝。「不恰好に見えても、自分で作った器はぴったり手におさまるはずです」。いびつな形を気にする私に、和歌子さんがかけてくれた言葉通りだ。じんわりと温かなカップを手に、また別府を旅する日のことを思った。

ジブラルタル

A short story from Amsterdam

文・写真　ユイキヨミ

それまで1ヶ月ほど車でイベリア半島を放浪する間、一度もカバンの外の空気を吸うことのなかったパスポートをごそごそと取り出す。ランドマークの岩山「ザ・ロック」が見えたら国境はすぐそこだ。

スペイン南部、アンダルシアに唐突に姿を現す小さなイギリスは、総面積わずか6.5㎢ほどのジブラルタル。こんなところにイギリスの領土があるなんて、道中スマフォで下調べするまで知らなかった。

普通なら、国境を越えたからといって景色が急変することはない。言

スペイン側から見た、朝日を浴びる「ヘラクレスの柱」。

語とは違って、自然や街並みの変化はなだらかだ。でもジブラルタルは違った。車窓からでも十分に貧しさが伝わるスペイン側の街並みとは打って変わって、国境の向こうにはとってつけたように巨大な富が凝縮していた。

　その地形は、大部分を岩山が占める小さな半島である。狭い領土は人口密度が高く、どこもかしこも隙間なくびっしりと建物が建つ。岩山に沿って曲がりくねる道は細く、私たちのようなよそ者が車を停められる場所はほとんど無い。人口だけでなく、「レッカー移動」「罰金」の標識の密度もまたヨーロッパ屈指に違いない。最南端のエウローパ岬からはアフリカ大陸が見えたが、その稜線の端に位置するのはセウタというスペイン領の街。複雑な地政学を露にした地理を、青空の下で一望した。

　大西洋と地中海に挟まれたジブラルタル海峡の北東端に位置するジブラルタルは、遠い昔から地中海の出入りを抑える戦略的要衝の地だった。それゆえの数奇な歴史やザ・ロックと海が織りなす自然に加えて、高級ヨットが並ぶマリーナやカジノ、豪華なリゾートホテルなどが毎年多くの観光客を惹きつけている。

　地図で見ると、ジブラルタル海峡

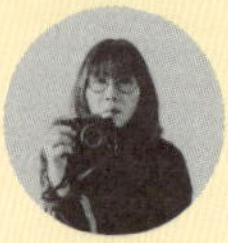

ユイキヨミ

東京出身、アムステルダム在住。ライター、フォトグラファー。ミュージシャンの夫と共に、個人事務所studio frogを運営。趣味は映画鑑賞、ダーニング、旅行とキャンプ。特にキャンピングカー旅行は、趣味を越えて生きがいの域。広くて狭いヨーロッパを駆け巡って、多彩な文化や自然を肌で感じる旅にハマっている。
www.studiofrog.nl

エウローパ岬ではためく英国旗。隣に見えるのは、大きなモスクのタワー。

周辺の地形は、まるでヨーロッパとアフリカがキスしようとしているようで、最も唇が接近する部分はわずか14㎞の距離。フェリーも運航しているが、泳いでも渡れる。とは言っても、潮流が激しく海水温も低いので、相当な超人アスリートでなければ対岸までは泳ぎ切れない。だが一般的に見れば、ジブラルタル海峡を生きて渡れるかどうかを左右するのは、泳力でも持久力でもない。持っているパスポートの種類だ。

有利なパスポートを持たないアフリカ側の人たちの一部は、この海峡をゴムボートのような小型船で渡ってくる。「西地中海ルート」と呼ばれる北アフリカからヨーロッパ本土への最短経路で、〝渡航料〟は高いが生きてたどり着ける保証はない。7、8年前に頻繁にニュースで見かけた、海峡のヨーロッパ側アンダルシアの海辺に流れ着いたアフリカの人々の姿は、「ジブラルタル海峡＝難民問題の象徴」というイメージを強く焼き付けた。

北壁がほぼ垂直に切り立つ「ザ・ロック」は「ヘラクレスの柱」とも

呼ばれ、古代ギリシャでは、世界の果て、あるいは未知の世界への入口を象徴していた……二つが対になっていて、もう片方の柱はアフリカ側にある……とネットにあった。人間が、未知や他者と出会う「抽象的な境界」の象徴ということらしい。だがその勇姿の美しさとは裏腹に、肌で感じた印象を正直に言葉にするなら、それは「損・得の境界」であり、「人間のご都合主義の象徴」だった。

翌日、スペイン側から朝日を浴びるヘラクレスの柱を眺めながら、パスポートをペラペラとめくった。自分が今謳歌している「移動の自由」が、広く世界を見渡せばたった一握りの人々に偶然与えられた特権の賜で、少なくとも今の世界情勢の中では、努力も苦労もせずに私を「得」する世界においてくれるものだと再認識。ギリシャ時代の賢者たちが、どんな哲学を込めてヘラクレスの柱を「境界」と見ていたかは不勉強でわからないけれど、どこにあるどんな境界であれ、向こう側の世界には開かれた眼差しを持ち続ける自分でいたいと、改めて思った。

たくさんの船が航行するジブラルタル海峡。

もっとおいしい紅茶を飲みたい人へ

WHAT A WONDERFUL TEA WORLD!

文・写真　田中 哲

おいしい紅茶の鍵、ティーアロマの謎

朝夕の愛犬ウィルとの散歩の度に、彼が散歩道で見せる非常に強いにおいへの執着に振り回されぬよう、こちらも全力のパワーで踏ん張りながら歩いている。我が家で現在飼っているのは、チョット見優雅だが実はかなりの元気者で、ブルーローンという黒白の毛色のイングリッシュ・コッカー・スパニエル（3歳♂体重18kg強：写真）である。元来は猟犬の性か？　突然、気が向くままに急発進にバックや停止をやらかすため、私の踏ん張り必要度が格段に高くなった。人間の千倍ともいわれる彼らの嗅覚によって、道端で仲間の犬たちが残してゆく魅惑の香りがキャッチされたらスタート、時にダッシュ。よって優雅な犬散歩とはかけ離れた、私にとってはややハードな筋力トレーニング状態となっている。おかげで60代最後となる今シーズンの初滑りのスキーでは、足の筋力が確実にアップし、昨年まで出来なかった山頂からのノンストップでの滑走を楽しむことができた。

　われわれ紅茶好きの人間にとって、嗅

この写真のようにリードを短く持っていれば、いい子になるが。

田中 哲
たなか・さとし

東京大学農学部農芸化学科を卒業後、三井農林株式会社に入社。研究開発、原料購買、海外産地訪問交渉、飲料事業など幅広い業務に携わり、2012年執行役員就任、2022年より日本紅茶協会名誉顧問に就任。著書は『紅茶列車で行こう！』『もっとおいしい紅茶を飲みたい人へ　WHAT A WONDERFUL TEA WORLD！』。

覚を楽しませてくれる紅茶の良い香り、それこそがティーアロマ。もっとおいしい紅茶を飲むために、そして食の楽しみをもさらにアップさせるために、ティーアロマについての理解を巡らせ考えてみよう。私自身は、香料の専門家でも香気成分の分析を行う研究者でもないが、紅茶の香りについて感じていることを、ならべて記してみたい。

1　紅茶の香りの化学成分は、これまでの研究で千種類近く確認されてきたが、紅茶を特徴づけるキーとなっている香気成分は、そのうちの限られた種類数であろうと考えられている。

2　紅茶の香りの種類は、ワインと同様にいくつかの代表的な特徴に紐付けて分類できる。紅茶をいれるとこれらのほのかで特別な香りに、運よく遭遇するかもしれない。

花の香り（フローラル・様々な花）、柑橘系の香り（各種シトラス）、果実香（青リンゴ・ピーチ・マスカット）、熟した果実香（ベリー系・パイナップル）、木質香（ウッディー）、薄荷やメンソール系の香り、青葉の香り（グリーンノート）、甘い香り（スウィーティ）、スパイスの香り、枯草の香り、火香・焙煎香（ロースト）、などあげればきりがないが。まるでワインのようになってくる。実際にこれらの香りの生成には、ワインとの共通点が実に多い。

ダージリン紅茶とボルドーワインにも、
やはり共通する香りの成分が含まれている。

木の品種によって香りの質や含有量が異なる。
対照的な品種を例としてあげれば、
紅茶品種……ダージリンなどの中国種とアッサム、セイロンなどのアッサム種。
ワインのブドウ品種……例えば赤は、ボルドーのカベルネ・ソーヴィニオン種とブルゴーニュのピノ・ノワール種。白ではアロマティックタイプとノンアロマティックタイプがあるそう。

香気成分（ゲラニオール、リナロールなどのモノテルペンと呼ばれる成分が多い）が、生葉（茶）や果実（ぶどう）中で糖と結合して存在しており、前処理から発酵工程にかけて酵素による分解で香りが生成される。

紅茶……萎凋から揉捻にかけての製茶工程の間に、葉の中にある香気成分の分子が独自の糖質と結合した配糖体から、酵素によって香気成分単体が切り離され、遊離して揮発成分となる。

ワイン……香気成分自体はブドウの果皮内側の果肉に多いが、茶と同様に糖に香気成分が結合した結合型から圧搾・発酵工程で、酵素分解されて非結合型で揮発性の香気成分が多く生成され、熟成変化する。

そして、
香りの成分には、それぞれ異なる閾値（香りの有無を感じられる最低希薄濃度）が存在していて、香気成分の役者の組み合わせメンバーとその含有量がすべて異なる中から、例えばマスカテルなダージリン、パンジェントなヌワラエリヤ

萎凋工程の終点では、十分にうまくいけば、加水分解酵素による香気の生成が始まる（ダージリン）。

やウヴァ、モルティーなアッサムやルフナ、アロマティックでブリスクなケニアやキャンディー、ブーケの感じられるキーマンやディンブラなど、素晴らしい紅茶名産地の傑作品の数々が作られて来る。

さて、いよいよ今回の話のタイトルである、おいしい紅茶の鍵、ティーアロマの謎に入りたい。著作『もっとおいしい紅茶を飲みたい人へ　WHAT A WONDERFUL TEA WORLD!』の巻末のエッセー「南インドの『ティーアロマ』にびっくり」は煙《けむ》に巻いたような書き方「……秘密のアロマの話は、このへんにしておこう。」で逃げたように終えてしまった。読まれた方には、ここでお詫びしつつも、本に書ききれなかった業界でも秘密のティーアロマの謎を解き明かしておこう。

南インドのみならず、世界の各産地にある紅茶製茶工場に入ると、まず萎凋棚付近から、青リンゴのような甘く爽やかな香りが容易に感じられる。最初はこれこそがティーアロマの正体かと早合点したが、これは生葉から最初に逃げていく低沸点香気成分。適切な温度と湿度に保たれた空気が送り込まれ、十分な時間をかけて萎凋された生葉からは、次の揉捻工程以降でまだまだ限りない種類と量の香りが生成される。続く発酵・熱風乾燥工程でさらに熟成し、紅茶としての香りが出来上がり完成品となる。だがしかし、同時に良い揮発性成分も、空中にかなりの量が逃げてしまっている。

ティーアロマの謎解明のきっかけとなった南インド紅茶産地の中にあるインスタントティー工場。

南インドの茶産地。

高い塔を持つインスタントティー工場が、紅茶産地に似つかわしくない姿を現しているが、そこでは門外不出の秘密の製法が日々行われている。ドライの紅茶葉を作ることなく、インスタントティーを作ってしまうのである。設備やプロセスについて詳細には開示できない企業機密ながら、差し障りの無い範囲でご説明しよう。最初は紅茶の製茶工場と同様に生葉の萎凋を行う。次に萎凋後の生葉を切断・粉砕しタンクに水とともに送り込む。そのタンク内では、茶葉中の加水分解酵素とポリフェノールオキシダーゼが働き、発酵が進み液体状態の紅茶ができる。続いてろ過、遠心分離、濃縮、乾燥というインスタントコーヒーと同様の工程を経て、可溶性の紅茶であるインスタントティーを作り上げるのである。

この液中発酵から乾燥までの間にある濃縮やスプレードライ工程で回収装置をつけ、蒸発・揮発する香気成分を逃さず回収し、その回収液をさらに濃縮すれば、あっと驚く高濃度の「ティーアロマ」となる。このアロマを製品に戻す、つまり香気成分の「カットバック」をすれば、紅茶がもっとおいしくなること請け合いだが、ティーテイスターによる鑑定を経た数量限定品で、値段はさぞ高くなることだろう。実はこの絵にかいた餅、リーフティーにも劣らない香り高いインスタントティーは既に作り上げられたらしい。何故か見かけないのは、まるで秘密のお宝のように試作品の中に眠っているからなのかもしれない。

変態をとげて

文・イラスト　三品輝起

一一月二六日。曇り。朝起きて、スマホでなるべくなんの関心も湧かない展示をピックアップし、そのなかから「唐《から》ごのみ」というのをえらぶ。まったくそそられない。がゆえに、そのなかを歩いてみたい、という倒錯した動機につき動かされて日本橋にむかう。会場の三井記念美術館は、あの神殿のような三井本館と隣接したビルの最上階にある。展示名を見て「蒸されて過酷な遣唐使」という年号語呂あわせ以外、なにもあたまに浮かばなかった私は、てっきり唐《とう》の時代の逸品を集めた企画なんだと思っていたが、唐ごのみとは三井家の高雅な中国趣味をいいあらわす言葉であった。入口からいきなり、ハイブローな漢文の拓本《たくほん》が数冊ずつ入ったガラスケースがえんえんつづく。まずもって石鼓文《せっこぶん》、中権本《ちゅうけんぼん》、宋拓《そうたく》といったキャプションの文字がなにを説明しているのかが不明で、よって、どうやったら拓本を見たことになるのかさえわからなくなった。あげく宙づりされた私が、ひとつの展示物のまえに何秒くらいいるべきか、という鑑賞とはまったく無縁の問題にとりくみはじめたとき、となりを年配の男がさっそうと追いぬいていった。彼は拓本を超然とした視線でとらえながら、暗い廊下を本から本へ足ばやに移動していく。たぶん別人なのだが、そのとき

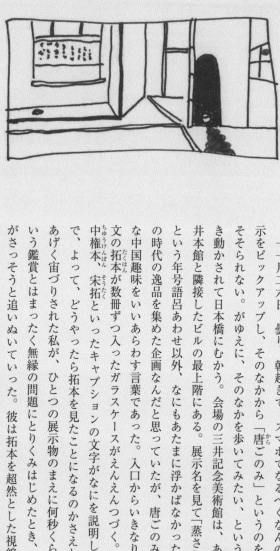

は哲学者のA氏にちがいない、と思った。なぜならちょうど数日まえ、『新潮』二〇二四年二月号に掲載されたロングインタビュー「アイデンティティ・ポリティクスを超えて」を読みかえし、深く感じいったばかりだったから。まちがっている可能性が高いので本人と区別してA・Aと呼ぶが、眼鏡をかけたA・Aは上品なジャケットを軽く羽織り、見れば見るほど背格好もふくめA氏とそっくりだった。A・Aは先さき行ってしまい、同展の目玉ともいえる円山応挙《まるやまおうきょ》の雪松図がある部屋でまた見かけた。

この数年、私はSNSを眺めながら、性的、人種的、経済的、政治的マイノリティの細分化がとまらず、その砂つぶのごとく散り散りになった苦しみのカテゴリーを組みあわせることで、アイデンティティが確立されていく力強い世界像を見上げつづけることに、じょじょに恐れをいだくようになった。じぶんがどの分野のどんな場所においてマイノリティであるのか、しっかりと声をあげることはとても大切だけれど、どちらがより苦しいのかという熾烈《しれつ》な競争が止まらなくなったとき、社会の共生は海岸の砂山のようにくずれていくのではないかと思った。

「いまユートピアを考えるとすれば」とA氏はいう。「現在のマイノリティも含めたすべての人がアイデンティティを認められる社会ではなく、すべての人が変態になり、さらなる変態を遂げていくことのできるフーリエ的ユートピアでしょう」。彼のいう変態とは、もちろんクィア理論におけるクィアのことで

あり、安直な意味でつかっているのではない。おのれじしんの性の状態は、他者とのかかわりのなかで変わりつづける、という真の意味でそう呼んでいるのだ。じぶんの性や差別の苦しみは、じぶんだけにしかわからない、という原理主義的なアイデンティティ・ポリティクスの檻へとはまりこむ手前で、私たちはどうきびすをかえせるのかを問うている。なぜなら、私のことは私にはわからないのだから、と。そのために、みなが変態をとげつづける社会を想像すること。この『逃走論』（ちくま文庫）のころから変わらぬＡ氏の一貫した主張にふれたとき、じぶんでもおどろくほど大きくなぐさめられたのだった。なんでだろう。私はヘテロセクシャルということになっている。けれど、ほんとうにそうなのかは、おのれには原理的にわからない。思えば、夢のなかで私はちがう性を生きたことがあったし、幼いころの記憶のなかにも性の越境の感覚が息づいている。じぶんの性的指向が今後もゆるがない保証なんて、じつはないのではないか。ほんとうはみな、ゆらいでいるのではないか。ましてや個々人の政治的、経済的な境遇――ひとと ひとをマイノリティとマジョリティに分かつ線――なんて、偶有性に支配された世の動きによってがらっと変わってしまうことだってあるだろう。理想論かもしれない。でも杓子定規《しゃくしじょうぎ》なアイデンティティを捨てて、すべての生成変化をことほぎ、変わりゆく者どうしがたがいに助けあうところから社会を立ちあげる以外に道はないのではないか、そんな夢想を墨拓《ぼくたく》の暗い森をさまよいながら転がしていた。

　地上階のロビーでまたＡ・Ａと出会う。コインロッカーに預けていたマレー

三品輝起
みしな・てるおき

1979年、京都府に生まれ、愛媛県で育つ。2005年より西荻窪にて雑貨店「FALL」を経営。最新刊は『波打ちぎわの物を探しに』（晶文社）。

ヴィチ風の図柄のトートバッグと黒いきれいな外套《がいとう》を身につけ、なんの迷いもなく地下へとつづくエスカレーターを降りていった。まさに孤高の遊歩者もかくやといったうしろすがたであった。ちかくの桂《かつら》という古い洋食屋に寄り、顔を確かめるべくA氏を検索する。似ているような似ていないような……そこではじめてA・Aがマスクをしていたことを思い出した。別人？　席と席の、椅子と椅子の間隔を極限までつめたせまい店で、給仕の老女たちの利発な動きと、安くておいしい料理を食べるお客たちの幸福なひといきれに囲まれながら、アップされたばかりのA氏の動画を観る。とある現代美術作家との公開対談の記録であった。いつものように藤田嗣治《つぐはる》など真のクィアたちのエピソードをふんだんに織りまぜた話をひとしきりしたあと、その会の最後のほうで、彼はこんなふうなことを話した。百年、千年、一万年、十万年、百万年後にどうかというと、人類は滅びているかもしれないですよね。で、人類滅びたほうが地球にはいいかもしれない。そういうことまでつきつめて考えれば、基本はすべて無意味ですよ。すばらしいじゃない。と、僕は思いますけどね。だけどそのなかで、ちっちゃな意味――これはじぶんを生かしてくれないかもしれない――しかし、これのために生きてよかった、と思えることがあれば、それは非常に大きな救いじゃないのかな。

『イギリスはおいしい2』

文・写真　林　望

ダンスタンバラ城

城を見に行く、といっても、正直言って、私はイギリスの歴史にすこぶる疎《うと》いので、歴史上の王侯の名前など聞かされてもどうもピンと来ないし（それは普通の日本人ならみなそうであろう）、だから、その城の故事来歴をつぶさに研究しようなどという気も起らない。

むしろ、その城の佇《たたず》まいを、別段なにの勉強でもなく、ぼんやりと眺めていたいのである。その意味では、ウェールズのカーディフ城みたいに、十九世紀にでっちあげられ、すっかりピカピカに整備されている城なんか、ちっとも興味が湧かないのだ。まして、そういうすっかり観光化されたところを、ガイドの懇切な説明にしたがってぞろぞろ歩くなんてのは、時間の無駄としか思えない。

何もない、それがいちばんよい。

願わくば、だれからも忘れられ、死んだような静寂のなかに、孤独に崩れゆく城、そういうのがいちばん望ましい。夏草やつわものどもが、というあのあわいである。

ダンスタンバラに着いたのは、もう夕方だった。日の長い夏の夕方でまだ太陽は明るかったが、海から吹き寄せる風が、すでに冷気を含んでいた。

ダンスタンバラ城は、ナショナル・トラストの所有で、自動車では行けない。

林　望
はやし・のぞむ

作家・国文学者。慶応義塾大学大学院博士課程満期退学。日本エッセイスト・クラブ賞を受賞した『イギリスはおいしい』以下の3部作でイギリスブームを牽引した。『ケンブリッジ大学所蔵和漢古書総合目録』で国際交流奨励賞。古典論、エッセイ等、著書多数。『謹訳源氏物語』（全10巻）で毎日出版文化賞特別賞。『英国田園譜』『林望のイギリス観察辞典』（講談社エッセイ賞受賞）などイギリス関係の著作多数。旅をテーマとする歌曲の作詩でも知られ、『秋宵偶感』（深見麻悠子作曲）、『旅のソネット』（全７曲、二宮玲子作曲）は、YouTubeで視聴できる。

道がないのだ。近くのダンスタンの村まで行って、そこで車を乗り捨て、海を見下ろす断崖の上の草原を、遥かに歩いていかなくてはならない。私は、カメラを担ぎ、羊の糞をよけながら、それでも十五分くらいは歩いてみた。しかし、ダンスタンバラ城は、なおまだまだ遥か遠くにあって、あそこまで行くには、たぶんあと二十分も歩かなければなるまいと思われた。腰の悪い私には、それはとても無理だ。諦めて海風のなかに三脚を立て、遠い城影を撮った。

海を睨んで建つ古城、ね、なんとなく行ってみたいなあと思いませんか。それも団体なんかじゃなくて、寂しさを味わうために、一人で……。

この城は、スコットランドとの国境も近く、また北海を隔てて北部ヨーロッパとも対峙する防衛上の要衝で、相当に重要な、そして巨大な城であったらしい。未練に、暫く眺めたすえ、私はダンスタンの村へ戻った。一休みして何か飲もうかと思ったが、何もない村だった。小さなパブが一軒あったが、こいつは何人《なにじん》だろうとばかり、じろりと睨まれたりするのが億劫で、入らなかった。

そのかわり、海岸の崖の上のベンチに腰掛けて、海を眺めながら、暫く冷たい風に吹かれてみた。カモメが遊弋《ゆうよく》して、背後の家の煙突からは、石炭を焚く暖炉の煙が立ちのぼっていた。ふと見ると、白い壁の家の窓のなかに座って、日がな海の向こうを眺めて暮らしている老人の視線が、じっと私に注がれていた。

ダンスタンバラ城遠望。

ダンスタンの村。崖の上のベンチで海を眺める。

Tea Time 18
2025年5月1日　初版第1刷発行

発行者　伊藤葉子
発行所　ティータイム
〒107-0062
東京都港区南青山 6-3-14 サントロペ南青山 302
HP　https://www.teatimemagazine.jp
Email　info@teatimemagazine.jp

ISBN 978-4-910059-12-9

印刷・製本　株式会社 シナノ パブリッシング プレス

写真	佐々木信（3KG）
デザイナー	佐々木信、石田愛実、 瀬尾涼音、谷口風太（3KG）
イラスト	石田愛実、谷口風太（3KG）
編集長	伊藤葉子
編集	田口みきこ　戸田枝理香　濱口ゆり子 佐々木智子

参考文献
荒木安正著『紅茶の世界』柴田書店／大森正司・阿南豊正・伊勢村護・加藤みゆき・滝口明子・中村羊一郎編『茶の事典』朝倉書店／田中哲著『もっとおいしい紅茶を飲みたい人へ　What a Wonderful Tea World!』主婦の友社／山田 栄著『知る・味わう・楽しむ　紅茶バイブル』ナツメ社／松下智著『アッサム紅茶文化史』雄山閣